Le Mille Voglie
Colazioni Pranzi Aperitivi
Via S. Stefano, 3 - Bologna Tel. 051.224160
Conf. da Vaccari • 0532/975543 • Ferrara
UN DOLCE
SALUTO
DA "LIDIA"
caffè
MATTIOLI
torrefazione
Gambrinus
NAPOLI
Shop on line
Conf. da: D'Avino S.r.l. - Via Longola, snc - Poggiomarino (NA)
e grazie!
CONF. DA MACCHI SERGIO & C. S.N.C.
MELIA...
distribution quality
Tel.0744 989477
caffè
MoKambo
Non vendibile singolarmente
ALTA SOLUBILITA'
Zucchero
MOKA EFTI
CAFFÈ
Sugar
Not to be sold singly
zucchero
AL CAPPELLO ROSSO
Albergo in Bologna dal 1375
★★★★ S
CONF. FO - 313942
MISCELA
Masini
Dal 1795
Muzzi
ANTICA PASTICCERIA
ZUCCHERO
semolato
rraro
1927
caffecarraro.it
ZUCCHERO
Caffè Roma
Piazza Mazzini
TREVI - PERUGIA
0742.620672
Facebook: caffè.roma35
CONF. FO - 313942
ZUCCHERO
Caffè Meletti
ASCOLI PICENO
PIAZZA DEL POPOLO
GRAN CAFFÈ BELLI
Bar - Pasticceria - Gelateria - Buffet
...DAL 1939 GELATO ARTIGIANALE
EUROMATIC 2000 - 0734.750299
entrale
ERITIVI • AFTER-DINNER
NTRALEFANO.IT
ZUCCHERO
BIANCO
ZUCCHERO
Ferri
Caffè
RECA Zuccheri - Parabita (Le) - Tel. 0833.594321 (REA: LE 256416)
ZUCCHERO
FONTANESI
CAFFÈ
REGGIO EMILIA
Conf. da CCIAA 181189 MN
bar
dal 1927
MORELLI
ZUCCHERO
CHALET
ZUCCHERO
CIBI
CHALET
TREVI
BEVANDE
Bar Centrale
Piazza Garibaldi 2
Luino (Va)
Tel 0332/532435

„Non conosco la ricetta della felicità
ma secondo me c'è tanto zucchero dentro."

„Ich kenne das Rezept für Glück nicht,
aber ich denke es gehört viel Zucker rein."
Anonym

Turin – Caffè Mulassano

DANIELA UND FELIX PARTENZI

DOLCE ITALIA

Wie sich der Süden das Leben versüßt

GERSTENBERG

Turin – Piazza Vittorio Veneto

INHALT

Luino/Lago Maggiore – Porto antico, via Piero Chiara

Zucker ist das Salz in der Suppe des Lebens, da sind sich eigentlich alle Italiener einig. Und je südlicher desto süßer. Wählt der moderne Mailänder morgens einen fruchtigen Smoothie, verweist der Barista aus Mittelitalien lachend auf das Obst in der Frühstückstheke: täuschend echt, aber aus Marzipan. Für den Sizilianer besteht der perfekte Start in den Tag aus einem *brioche* und einer *granita*. Crushed Ice mit Mandel-, Zitronen- oder Kaffeegeschmack zum Frühstück? „Klar, im Sommer ist es doch so heiß", sagt Pippo, der Konditor. Gut, und was gönnt sich der Mann morgens im Winter? „Auch *brioche* und *granita*! Es wird doch nicht kalt bei uns."

INTRODUZIONE

VORWORT

Ein Naturtalent hinter dem Tresen begrüßt uns an der Adriaküste. Ein Bilderbuch-Barista mit dichten schwarze Locken und sonnigem Gemüt. „*Buongiorno*, geht's euch gut? Was kann ich euch an diesem schönen Morgen servieren?" Wenn wir das wüssten! Vor uns liegt eine Auswahl hochdekorierter Backwaren: Beignets und Eclairs mit glänzender Glasur, deren Farbe die jeweilige Füllung andeutet: *Crema limone, caffé, cioccolato, pistacchio, caramello salato* und und und. Daneben obstgefüllte Schiffchen und ein Blätterteig-Bataillon: gefüllte Hörnchen, Schweineöhrchen, Schnitten mit Konditorcreme und leuchtend rotem Alchermes gefüllt. Wir wählen *cornetti* mit bitterer Orangenmarmelade. Der junge Strahlemann erscheint kurz darauf mit einem Tabelett voll krosser Hörnchen, verziert mit Pistazienstückchen, Puderzucker und einem filigranen Netz aus weißer Schokolade. Zum Anbeißen schön, aber für diesen zerstörerischen Akt braucht es Überwindung. Gut, dass der Kellner erst noch Plaudern will. „Wo kommt ihr her? *Germania!* Ah deutsch," sagt er. Kann er die Sprache. „*No…!*" Aber er trägt den für Italiener fast unaussprechlichen Namen Jürgen. „Wegen *grande* Kliiiiinsmann!" Was im Land seines Namensvetters morgens auf den Tisch kommt, das interessiert ihn jetzt. Brot! Die Antwort erschüttert den Sunnyboy. „*Pane! Che tristezza!*" Wie traurig, ruft er durch den ganzen Laden, findet aber wieder sofort zur Heiterkeit zurück.

„*No, no niente da fare!*" Das ist mit Italienern nicht zu machen: „Man muss süß in den Tag starten, der Rest wird wohlmöglich bitter genug."
Der Tag beginnt also mit einem *caffè*. Egal in welcher Form, das Zuckertütchen wird dazu gereicht. Zuhause tunken Italiener gerne einen *biscotto* in ihren Milchkaffee. Sowas hält nicht lange vor, deshalb sind sie früher oder später in der nächsten Bar anzutreffen, um ein Teilchen nachzuschieben. Ob Hörnchen, Brandteig oder Blätterteig – am besten sind die Bömbchen cremig aufgepolstert, mit Marmelade gefüllt, hübsch bunt glasiert oder wenigstens mit Hagel- oder Puderzucker berieselt.
Sonntags legen sich die Konditoren besonders ins Zeug, denn dann stehen die Kunden schon früh Schlange für schokoladige Törtchen, Ricotta-Röllchen, Mandelträumchen, Vanilleschnitten, sahnige Windbeutel, falsche Pfirsiche, echte Obstkuchen und was sonst süß lockt. „Das ist der Nachtisch für heute Mittag," sagt Marco voller Vorfreude. So macht der Familienvater das jede Woche, es sei denn, die Mamma hat eine *torta* gebacken. „Was ist besser?" Was für eine Frage! Der Mann schaut ungläubig, lacht dann laut: „Mammas Torte… immer!!!"
Für den Fall, dass das Mittagsessen so üppig war, dass tatsächlich *dolci* übrigbleiben, werden sie abends nach der *cena* verputzt. Satt sind dann alle, was nicht heißt, dass ein Eis beim anschließenden Verdauungsspaziergang ausgeschlossen ist.

Der süße Treibstoff wird von Anfang an getankt. Wir haben auf dem Weg in den Cilento mal hinter Salerno an einer Bar gehalten, um das Fläschchen für unseren damals einjährigen Sohn mit Milch auffüllen zu lassen. Gar kein Problem für die freundliche *barista*. „*Quanto zucchero?*" Wieviel Löffelchen Zucker dazu, wollte sie konkret wissen „Keinen, *grazie*!" Diese Antwort war ein Problem. Für die *barista* und alle Gäste, die uns fassungslos anstarrten. Gar keinen Zucker? Das arme Kind!!!
Die Zeiten haben sich geändert und niemals würde mein Cousin seinen Kindern erlauben auch nur halb so viel Zucker im Malzkaffee zu versenken wie er damals. Er brachte es auf fünf Esslöffel und hatte damit vermutlich seinen Tagesbedarf gedeckt. Zu 8 ½ Würfeln Zucker täglich rät die WHO, macht 25 g. Das toppt man in Italien locker: 76,3 g pro Tag, 27 Kilo pro Jahr genießen die Italiener im Durchschnitt. Damit liegen sie statistisch hinter den deutschen Naschkatzen, die es auf 33 Kilo bringen.
Na bitte, es braucht nicht viel Zucker für *dolce vita*. Nur regelmäßig *dolce in Italia.*

MUSCAT DE LUNEL
MALAGA
SAINT-JULIEN

Turin – Caffè Baratti & Milano

Ascoli Piceno – Via Archivio

Ein Löffelchen voll … „Ach, Mary Poppins, nur Zucker, und dann noch mit bitterer Medizin? Nö, lass mal.“

In Italien gibt es wesentlich fantasievollere Varianten, sich einen Löffel Süßes zu gönnen. Das fängt bei der berühmten Haselnusscreme an. Nicht dünn auf Brot, sondern dick vom Löffel entfaltet sie ihre ganze Schmeichelei, streichelt sanft den Gaumen und gleitet pompös durch die Kehle. „Ahhh … es gibt nichts besseres“, schwärmt Geschäftsmann Gianluca und gesteht, dafür so manches Mal nachts in die Küche zu schleichen.

Dolci a Cucchiaio

Süßes zum Löffeln

Einen, besser zwei Löffel Zucker auf Eigelb im Glas bekamen wir als Kinder in die Hand gedrückt. Das Gefäß in der Sonne auf einem Treppchen sitzend fest zwischen die Beinchen geklemmt, haben wir den Löffel im Glas kreisen lassen. Es galt, eine fast weiße fluffig-fließende Masse zu schlagen, die von den Älteren immer wieder sehr kritisch beäugt wurde, bevor sie zum Genießen freigegeben wurde.
So beschäftigte man *bambini* bevor es Handys gab. Es war ein Liebesbeweis allererster Güte, wenn eine Tante das *uovo battuto,* das geschlagene Ei, für einen machte, um einem die Blasen an den Fingerchen zu ersparen.
Niemand konnte das besser als Zia Antonina mit ihrer sanften Art. Ich bin fest davon überzeugt, dass sie ihre ganze Zuneigung hineinrührte, und deshalb hat die Kindheitserinnerung nichts, aber auch gar nichts mit dem zu tun, was mal eben mit dem Rührgerät angerichtet ist.

Eischaum dient als Grundlage für fast alle Desserts, die gelöffelt werden. Tatsächlich widmen die Italiener diesen Nachspeisen eine ganze Rubrik: *Dolce al cucchiaio*, Süßes vom Löffel. Dieser *piccolo piacere*, der kleine Genuss, wird üblicherweise nach dem Mahl gereicht. Da schlägt die Stunde der Klassiker: *panna cotta, zuppa inglese, tiramisù*. Aber was spricht schon dagegen, auch zu anderen Gelegenheiten mal kurz einen kleinen Löffel einzutauchen: Eine *granita* zum Frühstück, ein Pudding als Pausensnack, eine *crema* am Nachtmittag zum *caffè*, ein *zabaione* am Abend und einen kleinen Klecks Haselnusscreme zur guten Nacht. Es braucht regelmäßig einen süßen Schubser und der kommt genau richtig portioniert vom Löffelchen daher. Übrigens, Mary Poppins, das soll in manchen Fällen wirken wie Medizin.

Verbania Intra/Lago Maggiore – Corso Goffredo Mameli

BIANCOMANGIARE CON SALSA DI CACHI

Mandelpudding mit Khakisauce

Pudding
etwas Maisöl
1 l Mandelmilch
100 g Maisstärke
200 g Zucker
½ TL Zimt, gemahlen
½ TL Kardamom, gemahlen

Sauce
2–4 Khakifrüchte
1 EL Honig
½ TL Vanille, gemahlen

Wie gut, dass es Mandelmilch mittlerweile im Supermarkt gibt. Sizilianische Hausfrauen mussten sie früher erstmal aufwändig herstellen: frische Mandeln mahlen, mit Wasser aufmischen und immer wieder durch Tücher abseihen. An Festtagen wurde der Trunk zu *biancomangiare*.

Gemacht wird er wie ein klassischer Pudding. Zuerst werden die Förmchen oder eine große Form vorbereitet, indem sie mit einem dünnen Ölfilm ausgekleidet werden.
In einem Tässchen wird etwas Mandelmilch mit Maisstärke verrührt, der Rest Mandelmilch wird mit dem Zucker, – Zuckermenge je nach Zuckergehalt der Mandelmilch anpassen – dem Zimt und dem Kardamom zum Kochen gebracht. Unter gründlichem Rühren kommt die Stärke hinzu. Die Mischung bei kleinerer Hitze weiter köcheln. Vorsicht, dass nichts am Topfboden ansetzt! Nach ein paar Minuten ist die Mandelmilch eine glatte dickflüssige Masse. Zeit, sie in die Form zu füllen. Der Pudding muss gut ausgekühlt sein, bevor er unmittelbar vor dem Servieren gestürzt wird.

Die Khakisauce hingegen ist schnell gemacht: Das reife Fruchtfleisch wird roh mit Honig und Vanille püriert und krönt sofort das erfrischende Dessert.

4 Std. | 30 Min. | Für 6 Personen

BUDINO DI RISO

Reispudding

Pudding
1 l Milch
1 längs aufgeschlitzte Vanilleschote
90 g Milchreis
4 EL Zucker
50 g gehackte Mandeln
250 g Sahne

Sauce
350 g Sauerkirschen aus dem Glas
1 TL Mehl

Die Milch kommt in einen breiten Topf und bittet die Vanilleschote zum Bade. Langsam zum Kochen bringen und dann den Reis hinzufügen. Den Herd sofort auf kleine Flamme stellen und 50 Minuten köcheln lassen. Immer wieder mal rühren, besonders am Anfang neigt der Reis dazu anzubacken. Hat sich beides zu einem satten Milchreis verbunden, kommen Zucker und Mandeln in die Masse. Abkühlen lassen, dann die Sahne schlagen, um sie unter die Reiscreme zu rühren. In eine rechteckige Form füllen, die mindestens 2 Stunden im Kühlschrank ausharrt.
Die Sauerkirschen in einem kleinen Topf erwärmen. Von dem Kirschsaft sollte ein kleiner Rest im Glas behalten werden, um ihn mit dem Mehl zu verrühren. Die Mischung zu den heißen Kirschen geben und etwa 5 Minuten lang köcheln, bis die Sauce eindickt.

Den Milchreispudding stürzen und in reichlich daumendicke Scheiben schneiden. Mit einem guten Schlag warmer Kirschsauce anrichten und schnell den Gästen servieren!

6 Portionen | 1 Std. | 2 Std.

ZUPPA INGLESE

Englische Suppe

1 l Milch
100 g Zucker
80 g Mehl
½ TL Vanille, gemahlen
3 Eier
50 ml Milch
2 EL Kakaopulver
100 g Löffelbiskuits
50 ml Alchermes (italienischer Gewürzlikör)

Die Milch kommt in einen Topf und wird streng im Blick behalten. Während sie aufheizt, werden Zucker, Mehl und Vanille gut vermischt und dann die Eier untergequirlt.
Diese Creme wird unter Rühren in die heiße Milch gegossen. Dann braucht es noch ca. 5 Minuten behutsames Erhitzen und ständiges Rühren, bis die *crema* steif wird.
In einem kleinen Topf die 50 ml Milch und den Kakao glatt rühren, mit einem Drittel der Creme verbinden. Alles abkühlen lassen.

Die Löffelbiskuits in eine kleine Schale bröseln und mit dem Alchermes leuchtend rot färben. Die helle und die dunkle Creme in zwei Spritzbeutel füllen. Jetzt wird geschichtet: rote Brösel, Vanillecreme, Schokocreme, nochmal Vanille, nochmal Schokolade und nochmal rote Brösel. Ein Klecks helle Creme krönt diese englische Suppe. Unter seinem purpurroten Mäntelchen hält es die Speise mindestens 2 Stunden im Kühlschrank aus, bevor sie serviert wird.

2 Std. | 30 Min. | 6 Portionen

Englische Suppe! Wie kommt ein Klassiker der italienischen Nachspeisen-Palette zu so einem Namen? Der Frage auf den Grund zu gehen ist ungefähr so zäh, als wolle man durch dieses ganz und gar nicht suppige Dessert aus Puddingschichten und knallrotem Biskuit tauchen. Für das intensive Karminrot ist der Likör Alchermes verantwortlich. Seit 1743 setzt die Florentiner Klosterapotheke Santa Maria Novella ihren *„Alkermes"* an. Er schmeckt nach Rosenwasser, Vanille, Zimt, Nelken und Koriander. Bis heute lieben es die Italiener, ihre Süßspeisen damit zu tunen. Woher hat dann das Dessert seinen seltsamen Namen? Man ist im Erfinden von Erklärungen ähnlich kreativ wie in der Küche.

Vor allem ältere Menschen nennen die zarten Löffelbiskuits, die in der Nachspeise versenkt sind, gerne *inglesi*. Daher also Zuppa Inglese. Soweit die Schnellen. Seltsam nur, dass die meisten Italiener diese länglich-luftigen Kekse *savoiardi* nennen. Das Hause Savoyen hat die Köstlichkeit nicht etwa für ranghohe Engländer erfunden, sondern sie im 16. Jahrhundert zum ersten Mal kredenzt, als der König von Frankreich ihnen ein Besuch abstattete.

Auch die Geschichte der britischen Gouvernante, die ihre Schützlinge in Florenz im 19. Jahrhundert mit der Süßspeise beglückt haben soll, scheint nur ein Versuch zu sein, die Toskana hier ins Spiel zu bringen.

Schon besser ist die Version aus Modena: Die besagt, dass ihre Prinzessin Maria Beatrice d'Este es durch Heirat 1685 bis 1688 auf den Thron von England schaffte. Stärker als die Liebe zu ihrem Gemahl war offenbar die zum englischen Dessert Trifle. Nach der Trennung kehrte Maria Beatrice nach Italien zurück und verlangte nach diesem Pudding aus alkoholgetränktem Biskuit, Marmelade und Sahne.
Der Hofstaat gab sein Bestes. Heraus kam nicht ganz das britische Original, aber vermutlich doch die erste wirkliche *zuppa inglese*.

OFFICINA
DI
S.M.NOVELLA
FIRENZE
FONDATA NEL 1612
ALKERMES

PROFITEROLES AL CAFFÈ

Windbeutel unter Kaffeecreme

Teig
100 ml Milch
125 ml Wasser
150 g Butter
50 g Zucker
1 Prise Salz
100 g Mehl Type 405
100 g Maisstärke
4–5 Eier

Füllung
200 g Sahne
1 Päckchen Vanillezucker
80 g Puderzucker

Creme
6 Tassen Espresso
80 g Maisstärke
3 Eigelb
125 g Zucker
100 g weiße Kuvertüre

Profiteroles sind eine mit Creme bedeckte Komposition aus einzelnen Windbeutelchen, *bignès*. Also fangen wir mit ihnen an.
Brandteig ist nicht so knifflig, wie es scheinen mag, solange man sich an die Regeln hält: Milch und Wasser zusammen erhitzen. Darin wird die Butter geschmolzen, Zucker und Salz aufgelöst. Mehl und Stärke werden gemeinsam zweifach durchgesiebt und dann in die kochende Flüssigkeit gerührt. Unter weiterem Rühren und Kneten in einer Schüssel kühlt der Teig etwas ab. Nun kann ein Ei nach dem anderen eingearbeitet werden, bis das Ganze weich vom Löffel gleitet.
Jetzt können die einzelnen Bignes portioniert werden. Eiswürfelformen eigenen sich, denn die Portionen (ihre Form sollte irgendwie kompakt sein) werden durchgefroren, bevor sie der 200 °C heiße Ofen in 20 Minuten prall aufgehen lässt und mit einer leicht krossen goldigen Oberfläche wieder entlässt.
In der Mitte hat ein *bignè* einen großen Hohlraum. Tausende Möglichkeiten, ihn durch ein kleines Loch mit weichen Cremefüllungen zu komplettieren (Spritztüte), in unserem Fall mit Schlagsahne. So könnte man sie – puderbezuckert oder glasiert – auch einzeln servieren, aber die festliche Variante *profiteroles* verlangt nach mehr.

Die Kaffeecreme entsteht aus in Espresso aufgelöster Stärke, mit Zucker geschlagenen Eigelben und behutsam zum Schmelzen gebrachter Kuvertüre. Kaffeemischung und Eigelbschaum werden gemeinsam erhitzt, bis die Mischung fester wird. Dann die Kuvertüre einrühren und die Creme auf ca. 40°C abkühlen lassen. *Bignès* und Creme behutsam aufeinanderschichten. Gekühlt zu Tisch bringen und in guter Gesellschaft genießen!

3–4 Std. | 1 Std. Backen 20 Min. | 6–8 Portionen

CREMA DI PISTACCHIO DI BRONTE

Pistazienpudding

50 g Pistazien, geschält
15 g blanchierte Mandeln
50 g Zucker
250 g Sahne
250 ml Milch
25 g Maisstärke
Öl für die Förmchen

2 EL Schokoladenraspel zum Dekorieren

Pistazien, Mandeln, Zucker, Sahne und Milch werden gemeinsam aufgekocht. Bei kleiner Flamme können Mandeln und Pistazien noch in 20 Minuten etwas weichkochen, bevor die Mischung abkühlen muss. Mandeln und Pistazien heraussieben und die Stärke unter kräftigem Einsatz des Schneebesens unter die restliche Milchmischung rühren. Die gekochten Nüsse sehr fein mit dem Stabmixer pürieren, dann kommen auch sie wieder in den Topf. Vorsichtig erhitzen und rühren, bis die Masse cremig wird. In geölte Puddingförmchen füllen und mindestens 4 Stunden im Kühlschrank ruhen lassen. Sind die Exemplare gestürzt, fehlt ihnen nur noch ein Hauch Schokoraspel zur Vollendung.

4 Portionen | 35 Min. | 4 Std.

FRESCO AL MANDARINO

Frischer Mandarinenpudding

30 g Maisstärke
450 ml Saft von frischen Mandarinen
90 g Zucker
etwas Öl
frische Minzeblätter

Die Maisstärke wird mit einem kleinen Teil des Mandarinensafts angerührt und zur Seite gestellt.

Der größere Teil des Safts wird zusammen mit dem Zucker zum Kochen gebracht, dann fließt die Stärkemischung unter Rühren ein und bei mäßiger Hitze und aufmerksamen Rühren köchelt der Pudding seiner breiigen Konsistenz entgegen, ohne am Boden anzusetzen.

Die vier Puddingförmchen stehen bereit: ein dünner Ölfilm garantiert, dass der steife Pudding sie wieder im Ganzen verlassen wird. Also hinein mit der heißen Masse und dann gründlich auskühlen lassen!
Erst direkt vor dem Servieren werden die Portionen auf Dessertteller gestürzt und mit ganz zarten Minzeblättern dekoriert. Diese Erfrischung kommt nach einem reichhaltigen Mahl wie gerufen!

Abkühlen mind. 2 Std. | 15 Min. | Für 4 Personen

MONTE BIANCO

Maronengebirge

Baisers
2 Eiweiß (80 g)
80 g Zucker
80 g Puderzucker

Maronenpüree
200 g gekochte Maronen
80 g Zucker
1 Msp. gemahlene Vanille

200 g Sahne
20 g Zucker
etwas Puderzucker

Jeder Experte hat seine eigene Methode, dieses Gebirge aufzutürmen, aber die Zutaten sind identisch: Maronenpüree, Schlagsahne und schneeweiße Baisers.
Sofern sie nicht vorbereitet sind, benötigen die Baisers am meisten Zeit: Das frische, nicht zu kühle Eiweiß wird geschlagen, dann kommt der Kristallzucker hinzu und genau 10 Minuten lang sind alle verfügbaren Kräfte zum Durchschlagen gefragt. Dann sollte sich der Zucker aufgelöst haben und ein sehr fester Schaum entstanden sein. Der Puderzucker wird in zwei Etappen eingesiebt und untergehoben. Er soll sich nicht lösen! Jetzt können mit der Spritztüte auf Backpapier Nester und Spitzen abgesetzt werden, die umgehend im Ofen bei 100 °C trocknen. Umluft empfohlen!

Die Maronen mit Zucker und Vanille gründlich pürieren. Sahne mit Zucker steif schlagen. Beim Zusammenbauen des schmucken Desserts sind Spritztüte und Kartoffelpresse erneut die richtigen Hilfsmittel. Erst üben, bevor die Portionen angerichtet werden.
Ein Hauch Neuschnee (also Puderzucker) über alles sorgt für gute Laune.

6 Portionen

40 Min.
Backen 1–2 Std.

IL CONSIGLIO CIVICO
ETERNA NEL MARMO
I NOMI DEI MACERATESI
NICOLA GASPARRI CAPITANO MEDICO
LUIGI GALANTI TENENTE
CHE IL XXVI GENNAIO MDCCCLXXXVII
IN DISEGUALE PUGNA A DOGALI
PROFUSERO LA GIOVINE VITA
PER LA CIVILTÀ E PER L'ITALIA
AMMONENDO I VENTURI
COME SI AMI
LA PATRIA
I MAGGIO MDCCCLXXXVII
RIVENDICATA
L'INDIPENDENZA DELLA NAZIONE
IL MVNICIPIO
SCOLPIVA I NOMI DEI CITTADINI MACERATESI
CADVTI COMBATTENDO LE PATRIE BATTAGLIE
RAFFAELE GIOVANNONI FRANCESCO MARZARI
MARIANO PANNELLI
NEL MDCCCXXXXIX
PASQVALE CARBONARI CESARE CICCARELLI
EDVARDO CRESPIANI ALESSANDRO NISI
NEL MDCCCLXVI
LVIGI VECCHIONI
NEL MDCCCLXVII
ESSI COL SANGVE AFFRANCARONO LA PATRIA
STA A NOI E AI FIGLI NOSTRI
CON LA CONCORDIA E COL SENNO
ACCRESCERNE
LA POTENZA E LA GLORIA
centrale

Macerata – Piazza della Libertà

CREMA BRUCIATA ALLA ZUCCA

Geflammte Kürbiscreme

1 Ei
3 Eigelb
70 g Zucker
200 g Hokkaido-Kürbis
1 Prise Muskatnuss
400 g Sahne
6 EL Rohrzucker

Ei, Eigelbe und Zucker werden zu einer schaumigen Masse geschlagen. Den Kürbis waschen, in Stücke schneiden und von den Kernen befreien. 200 g des orangen Gemüses in einem Gefäß mit dem Mixer pürieren und einen Hauch Muskatnuss dazureiben.

Jetzt wird das Püree mit der Sahne erhitzt. Kurz bevor die Masse aufkocht, wird langsam ohne weiteres Erhitzen der Eischaum hinzugefügt. Gut verrühren! Die Masse wird in kleine, flache Auflaufförmchen gegossen und kommt bei 100 °C in den Ofen. Sie braucht 1 Stunde um durchzustocken und nicht mehr flüssig zu sein. Danach darf das Dessert in Ruhe auf Raumtemperatur abkühlen.

Vor dem Servieren wird jedes Exemplar mit einem Löffel Rohrzucker überstreuselt, der mit einem Flambierbrenner geschmolzen wird. Mit knackiger Zuckerkruste vertreibt die feine Crema sofort jeden Herbstblues.

2 Std. | 20 Min. Backen 1 Std. | 6 Portionen

TIRAMISU

Mascarponecreme mit Kaffee

Diese Kalorienbombe ist weltweit eingeschlagen. Nicht ohne Stolz verkünden sie in Treviso, dass es ihr Dessert auf allen Kontinenten zu Berühmtheit gebracht hat. „Zieh' mich hoch" bedeutet der Name wörtlich übersetzt. „Gib mir den Rest" wäre beim Blick auf die Zutatenliste treffender – heutzutage! Im 19. Jahrhundert diente die Süßspeise armen Landarbeitern als schnelle Energiequelle. Löffelbiskuits galten als das beste Geschenk für Wöchnerinnen, Kinder und schwache Alte. Sie alle sollten zu Kräften kommen, indem sie die Kekse in eine Creme aus Mascarpone, Zucker und Eiern tunken. Kaffeechen dazu und der beliebte Nachtisch ist so gut wie komplett, fehlt nur noch ein Hauch von Kakao.

4 Eier
200 g Zucker
500 g Mascarpone
125 g Löffelbiskuits
2 Tässchen Espresso
1 Schuss Amaretto
1 TL Kakaopulver

Die Eier werden getrennt, dann kommt das Rührgerät zum Einsatz, schlägt die Eiweiß zu Schnee und macht sich dann daran, die Eigelbe mit dem Zucker zu einer hellen schaumigen Masse zu verquirlen. Erst wenn die Zuckerkristalle aufgelöst sind und die Masse fluffig vom Löffel gleitet, darf der Mascarpone dazukommen. Ist die Masse homogen, wird der Eischnee untergehoben. Das anschließende Schichtspiel ist Geschmackssache. Die einen kleiden direkt den Boden einer Form mit den Löffelbiskuits aus, die anderen schwören darauf erst mit einer Schicht Mascarponecreme zu arbeiten. Wichtig ist, dass der Espresso mit einem Schuss Amaretto bereitsteht, denn die Löffelbiskuits wollen beträufelt werden, mehr noch, sich schön vollsaugen. Dann werden sie mit Mascarponecreme bedeckt und bekommen eine leichte Decke aus gesiebtem Kakaopulver. Darunter lässt es sich im Kühlschrank ruhen bis nach mindestens 5 Stunden alles ordentlich durchgezogen ist.

6 Portionen | 30 Min. | 5 Std.

CREMA DI CIOCCOLATO

Schokoladenmousse

200 g dunkle Schokolade (70% Kakao)
100 ml Milch
Kerne von 1 Granatapfel
300 g Sahne
1 EL Zucker
100 g Pistazienkerne

Einfach oder gut? Einfach gut! Schokolade mit der Milch vorsichtig zum Schmelzen bringen und abkühlen lassen. Währenddessen den Granatapfel am oberen Ansatz öffnen, die fünf Kammern separieren und die Kerne herauslösen – so geht's am ehesten, ohne alles mit Spritzern des roten Safts zu markieren.

200 g Sahne ungesüßt schlagen und unter die Schokolade mischen. Danach den Rest der Sahne schlagen, dabei den Zucker nicht vergessen.

Jetzt kann das Dessert schon in Gläsern angerichtet werden: Ein paar Pistazien zuunterst, dann reichlich Granatapfelkerne, dann mit Schokoschaum auffüllen.
Die süße Schlagsahne bildet eine weiße Haube und wird, die italienischen Nationalfarben komplettierend rot (Granatapfel) und grün (Pistazien) dekoriert.

Es bekommt der Creme gut, vor dem Genuss ein kühles Nickerchen von wenigstens einer halben Stunde zu machen.

30 Min. | 30 Min. | 6 Portionen

PANNA COTTA CON SALSA DI FRAGOLA

Panna Cotta mit Erdbeerpüree

500 g Sahne
80 g Zucker
1 Beutel gemahlene Gelatine
1 Päckchen Vanillezucker

300 g frische Erdbeeren
50 g Zucker
Erdbeeren zum Dekorieren

Panna cotta geht immer. Sie ist schlicht mit allem kombinierbar und daher ein Klassiker als Dessert. Es gibt sie aromatisiert mit allen erdenklichen Noten, von Rosenblüte über Safran bis zu Kardamom und Zimt. Sie lässt sich mit Früchten aller Art paaren und dekorieren und verschafft dem jeweiligen Star der Saison einen würdigen Auftritt. Hier sind es frühsommerliche Erdbeeren, stellvertretend für die in Italien überaus beliebten *frutti di bosco*, einem Mix aus Waldfrüchten. Die Erdbeeren sollten reif und süß sein. Andernfalls weichen sie einer anderen, in Bestzustand verfügbaren Frucht. Außerhalb obstiger Gelegenheiten könnten Pistazien, eingedickter Traubensaft oder gefrorene Früchte kreativ zum Einsatz gebracht werden.

Die Sahne mit Zucker, Gelatine und Vanillezucker sanft erhitzen. Nicht kochen, auch wenn es der Name nahelegt. Es geht nur darum, Zucker und Gelatine vollständig aufzulösen.

Kleine Sturzförmchen stehen bereit, nehmen die flüssige Sahnemischung auf und treten den Weg zur Abkühlung an. Sobald sie Raumtemperatur haben (und dabei die Sahne noch flüssig ist), finden sie abgedeckt Platz im Kühlschrank, bis sie durch und durch fest sind.

Die Früchte werden zusammen mit dem Zucker püriert und durch ein Sieb passiert. Die schönsten Früchte sollte man sich allerdings zum Dekorieren aufheben.

Vor dem Servieren die *panna cotta* auf Teller stürzen, dafür die Förmchen von außen kurz mit heißem Wasser anwärmen.
Mit Erdbeersauce umgießen, mit halben Früchten dekorieren.

6 Portionen | 20 Min. | 4–5 Std.

nougatine

BONET BIANCO

Piemontesischer Pudding

250 g Zucker
280 ml Milch
300 g Sahne
6 Eier
1 Päckchen Vanillezucker
100 g zerstoßene Amaretti
2 EL Rum
Amaretti zum Dekorieren

Zuerst das Karamell: 100 g Zucker in einer Kasserole unter ständigem Rühren erhitzen und langsam golden bräunen. Vorsicht, nicht zu heiß werden lassen, sonst wird er dunkel und leider zu bitter für den *bonet*. Ist das Karamell schön flüssig, die Böden von 6 Förmchen damit knapp bedecken. Abkühlen lassen, während die Milch mit der Sahne in einem Topf Temperatur bekommt, ohne zu kochen.

Die Eier mit restlichem Zucker und Vanillezucker aufschlagen, dabei das Temperament etwas zügeln, damit nicht unnötig viele Bläschen in der Masse entstehen. Erst die Amarettibrösel, dann die Sahnemilch und zuletzt den Rum unterjubeln. In die Förmchen geben, denen bei 160 °C im Ofen ein Wasserbad bereitet wird. Wenigstens 40 Minuten haben sie das Vergnügen. Ofen ausdrehen und die *bonet* in aller Ruhe unangetastet auskühlen lassen. Gerne stundenlang. Wer auf Nummer sicher gehen will, stellt die Förmchen vor dem Stürzen in den Kühlschrank. Zu guter Letzt nach Lust und Laune mit Amaretti dekorieren.

Der *bonet bianco* ist viel weniger bekannt als sein schokoladenbraunes Pendant. Dabei ist vermutlich genau diese Variante die traditionelle. Es gibt Food-Forscher, die behaupten, die helle Variante sei der ursprüngliche *bonet*. Diese Nachspeise sei schon serviert worden, lange bevor Kakaopulver und Schokolade Einzug in die Piemonteser Küchen hielten.

12 Std. | 30 Min. Backen 40 Min. | 6 Portionen

CREMA DI MASCARPONE CON LAMPONI

Mascarponecreme mit Himbeeren

4 Eier
200 g Zucker
500 g Mascarpone
300 g Himbeeren (frisch oder tiefgekühlt)
60 g Amaretti

Mascarponecreme wie beim Tiramisu anrühren. Die Himbeeren mit einem Esslöffel Zucker in einem Topf erhitzen. Etwas Creme in Gläser füllen, Himbeeren darüber schichten, nochmal einen Schlag Creme obendrauf. Die Amaretti klein stampfen und die Brösel über die finale Cremeschicht geben. Dann eine stundenlange Auszeit im Kühlschrank anordnen.

6 Portionen | 20 Min. | 1 Std.

MERINGHE CON PERE

Baisers mit karamellisierten Birnen

Baisers
ein paar Tropfen Zitronensaft
Eiweiß von 3 Eiern
150 g Zucker
150 g Puderzucker

Komposition
120 g Haselnüsse
3 Birnen Sorte Abate
40 g Butter
60 g Kastanienhonig
ausgekratztes Mark von 1 Vanilleschote
300 g Sahne

Zum Start wird der Ofen auf 125 °C (Umluft) aufgeheizt, um die Haselnüsse zu rösten. Er temperiert dann runter auf 80 °C, damit die Baisers gleich in einem behaglichen Klima durchhärten können. Mit einer Idee Zitronensaft versehen muss das Eiweiß aufgemixt werden. Löffelweise wird der Zucker hinzugefügt und geduldig mit dem feiner und fester werdenden Schnee verrührt. Erst wenn die Kristalle vollständig aufgelöst sind, wird der Puderzucker behutsam untergehoben.

Eine Spritztüte eignet sich, um dann auf Backpapier handtellergroße, runde Baisers abzusetzen. Im Ofen werden sie mindestens 45 Minuten lang vorsichtig getrocknet bis sich leichte Risse zeigen (max. 100 °C).

Jetzt ist noch genug Zeit, den Rest vorzubereiten: Die Birnen schälen und längs in Schnitze teilen: je knackiger die Birnen sind, desto feiner die Schnitze!
Butter in einer großen flachen Pfanne schmelzen und Birnenstücke darin leicht glasig werden lassen, 40 g Honig und Vanillemark hinzufügen und die Früchte darin karamellisieren. Wenn nötig, wird der zuckrige Satz mit ein paar Tropfen Wasser zu einem Sirup gelöst, denn wir verwenden ihn noch ...

Sahne steif schlagen und mit restlichem Honig süßen. Zwischen Baisers und Birnen setzen wir einen Puffer aus Schlagsahne. Die Haselnüsse und der Birnen-Honig-Sirup treten zum Schluss als dekoratives Element hinzu.

40 Min.
Backen ca. 45 Min.
Kochen 10 Min.

6 Portionen

ALBICOCCHE AL FORNO

Aprikosen aus dem Ofen

12 vollreife Aprikosen
100 g Honig
1 Zweig Rosmarin
30 g gehackte Mandeln
250 g Mascarpone
1 EL Milch oder Sahne

Die Aprikosen waschen, teilen, vom Stein befreien und mit der Schnittfläche nach oben in eine ofenfeste Form legen. Einen Esslöffel tief in Honig tauchen, es darf eine kräftige Sorte wie Lavendelhonig sein. Der Löffel kreist über den Aprikosen, um sie locker zu benetzen. Dann rieseln die Rosmarinnadeln und die Mandelstücke über die Honigfrüchte.
Für 20 Minuten schmoren sie gemeinsam bei 160 °C im Ofen. Die Mandeln im Auge behalten, sie neigen dazu, von einem Moment auf den anderen dunkel zu werden. Sind sie leicht angebräunt, verlässt die Form sofort den Ofen.

Den Mascarpone mit dem restlichen Honig aufschlagen. Ist die Masse zu fest, kann tröpfchenweise Milch oder Sahne die Creme geschmeidiger machen. Zu flüssig sollte sie aber nicht sein, wenn sie in den Spritzbeutel kommt, um den gebackenen Aprikosen zum krönenden Abschluss einen schmucken Klecks zu verpassen.

6 Portionen | 25 Min. Backen 9 Min. | 12 Std.

ZABAIONE AL MARSALA

Marsalaschaum

2 Eigelb
2 Eier
100 g Zucker
140 ml Marsalawein

Guten Marsala sollte man immer in der Küche haben. So ist man auch für einen schnellen Nachtisch stets gerüstet: Eigelbe und Eier schaumig schlagen, Zucker und Marsala hinzufügen und im Wasserbad weiter sportlich mit dem Schneebesen rühren, bis der Schaum spürbar dickflüssiger wird.
Sofort warm im Glas servieren.

Zucker, Eier, Likörwein. Ein Rezept, das mit so wenigen Zutaten daherkommt, hat viele Väter. Die Abstammung bleibt im Ungewissen, die genaue Herkunft norditalienisch nebulös. Lichtet sich der Nebel, tauchen immerhin einige Legenden auf.

1471 habe General Giovan Paolo Baglioni seine Männer auf der Suche nach Essen rund um Reggio Emilia ausschwärmen lassen. Die Soldaten kehrten mit nichts als Eiern, Zucker und Wein zurück, woraus der Oberbefehlshaber höchstselbst, womöglich schäumend vor Wut, die lockere Creme geschlagen haben soll. Naja …

Da kommt der Franziskaner Pasquale de Baylon der berühmten Creme schon näher. Aus San Baylon wird flott gesprochen Sambayon. Der spanische Mönch lebte im 16. Jahrhundert im Franziskanerorden zu Turin und wurde für seine Eierspeise berühmt – zunächst nur hinter vorgehaltener Hand. Die Herrschaften empfahlen sich die schaumige Nachspeise des Ordensbruders bei Problemen „zwischen den Laken“. Sprich, die göttliche Kochkunst des Mönchs wurde als Aphrodisiakum gehandelt. Dem Kirchenmann brachte das den Titel „Heiliger Beschützer der Köche und Konditoren“ ein. Der Mann hat im Namen der Kirche ’ne Menge Schaum geschlagen.

Kräftig mitmischen wollen auch die Venezianer, die seit dem 17. Jahrhundert das süße Getränk *zabaja* mit Wein aus Zypern aufgießen. Das Cremesüppchen werten sie offenbar als flüssige Variante und nehmen so die Zabaione für sich in Anspruch. Klar, dass sie auch in Neapel so ein Erfolgsrezept ihr Eigen nennen. Als Beweis liegt angeblich ein Schriftstück aus dem Jahre 1450 vor, das in der Morgan Library in New York gehütet wird. Das führt jetzt ein bisschen zu weit. Fest steht: Zabaione ist so genial simpel, dass vermutlich jeder Koch sie hätte erfinden können. Hat er aber nicht. Vielleicht war’s ja eine Köchin.

12 Min. 6 Portionen

Pepino

Turin – Piazza Carignano

Pasticcini spielen die zweite Geige. Sie sind morgens pünktlich als erste zur Stelle, repräsentieren mühelos die ganze Vielfalt der süßen Möglichkeiten und haben sich richtig hübsch zurecht gemacht.
Trotzdem führen sie ein Schattendasein, spielen nur eine Nebenrolle, finden nur beiläufig Beachtung: „Ach komm… gib mir einen Trüffel, einen dunklen.“ So profan wird ein *pasticcino* geordert. In diesem Fall handelt es sich um einen prallen schokoladig gefüllten Windbeutel, der sich extra in Schokostaub gewälzt hat und doch nur ein zweites Frühstück ist. Eine *merendina*, ein Pausenfüller. Als solcher liegt er neben seinem weißen Zwilling und anderen Artgenossen wie sahnig dekorierten *babà*, puddingprotzenden *cannoncini*, Tartelettes mit glänzendem Obsthäubchen, buntglasierten *bignès*, puderzuckerbestäubten Blätterteigmuscheln und sizilianischen Ricotta-Spezialitäten, die vor kandierten Früchten nur so strotzen.

PASTICCINI

• • • • TEILCHEN

Ein barockes Stillleben, das in jeder Bar Italiens morgens grüßt. Wer sich an der Vitrine verzückt die Nase platt drückt oder sich ob der Opulenz kaum entscheiden kann und dann mit einem Teller voll Teilchen zum Tisch schreitet, outet sich als Tourist. Echte *italiani* nehmen die ausufernde Schönheit scheinbar gar nicht wahr. *Bellezza* im Überfluss gibt es in diesem Land an jeder Ecke. Würden sie da jedes Mal vor Bewunderung ein Tänzchen machen, sie kämen zu gar nichts mehr. Wer in Rom wohnt, steht schließlich auch nicht an jedem alten Stein und macht ein Selfie. Die Marmorbrocken liegen da, wie die *pasticcini* im Tresen, und sie sind auch morgen wieder da.

BABA AL RHUM

Rumteilchen

Teig

200 g Mehl
10 g frische Hefe
4 Eier
10 g Zucker
65 g Butter
Butter für die Förmchen

Sirup

500 ml Wasser
200 g Zucker
150 ml Rum

Es muss an der Leidenschaft der Neapolitaner für Mozzarella liegen. Der fertige Teig jedenfalls erinnert in seiner Konsistenz stark an geschmolzenen Käse. Und wer wie die echten *pizzaioli* am Schwung seiner Bewegungen arbeitet, ist bei der Verarbeitung der zähflüssigen Masse sehr im Vorteil.

Mehl und Hefe werden unter Zugabe von Ei für Ei sehr gründlich verknetet. Am besten macht eine Küchenmaschine diesen Job. Dann kommen Zucker und flockenweise Butter hinzu und weiter wird der Teig geschlagen. Bei der traditionellen Methode formt die Knethand einen Löffel und schlägt den Teig mit aller Seelenruhe immer wieder an den Schüsselrand.

1 Stunde geht der Teig in der großen Schüssel (abgedeckt), dann werden Klümpchen geformt, die den Neapolitaner an *mozzarelline* denken lassen. Sie plumpsen in 12 ausgebutterten Förmchen. Das Teigklößchen sollte die Form nur zu einem guten Drittel füllen, denn vor dem Backen geht es noch einmal mindestens bis zum Rand auf – natürlich abgedeckt, ohne Zugluft. Der Ofen ist auf 180 °C vorgeheizt. Nach etwa 20 Minuten wird er abgeschaltet. Die *babà* bleiben bis zum nächsten Tag im abkühlenden Ofen. So lösen sie sich leichter aus den Förmchen.

Der Sirup steht bereit: im heißen Wasser wurde der Zucker ganz gelöst und der Rum zugefügt. Die ideale Temperatur zum Babà-Baden ist etwa 50 °C. Empfindliche Hände lassen das den Schöpflöffel machen, mutige Hände verzichten darauf und zelebrieren nach einminütigen Tauchgängen das ganz sanfte Ausdrücken des Gebäcks.

Als neapolitanisches Streetfood dürfen die getränkten *baba* süffisant auf Hände und Ärmel tropfen, zuhause kommen sie auf Tellerchen. Man kann sie auch vornehm aufschneiden und mit Schlagsahne, Creme oder Früchten garnieren.

12 Stück | 30 Min. Backen 20 Min. | 3 + 12 Std.

RON DE
MARINERO
40% vol
35cl ℮

MILLEFOGLIE O TORTA NAPOLEONE

Blätterteigschnitte

Teig
300 g TK-Blätterteig
1 Eigelb
1 EL Milch
40 g Puderzucker

Crema
400 ml Milch
50 g Sahne
6 Eigelb
150 g Zucker
30 g Mehl
20 g Kartoffelstärke
Vanille-Aroma

Dekoration
150 g TK-Beerenmix
30 g Puderzucker

Drei Teigplatten ergeben jeweils eine tausendblättrige Leckerei. Die Form kann dabei frei gewählt werden. Ob rund oder eckig, als großes Paket oder beliebte Einzelportionen – die Herstellung folgt einem Muster.

Alle Platten nebeneinander auslegen, mit einer Gabel regelmäßig löchern und mit der Eigelb-Milch-Mischung einpinseln. Es wird so viel Puderzucker darüber gesiebt, wie das Eigelb gerade so anfeuchten kann. Dann stehen die präparierten Teigplatten kühl, bis der Ofen seine 200 °C erreicht hat. Nach 10 Minuten reduziert sich die Backtemperatur auf 180 °C. Der Blätterteig wird ganz durchgebacken und soll schließlich eine goldene Karamellkruste zeigen.

Erst wenn die Teigplatten gut abgekühlt sind, kann man die Kanten abschneiden ohne dass alles zerbröckelt. Das ist wichtig für ein gutes Aussehen – *bella figura!*

Es gibt unendlich viele Varianten für die allerbeste *crema*. Die Basis kann nach Belieben ausgeschmückt werden, z. B. mit Schokolade, Aromen wie Zitronen- oder Orangenschale, Zimt, etc.: Milch und Sahne werden erhitzt, Eigelbe und Zucker zu einer schaumigen Creme geschlagen, alle anderen Bestandteile dort hinein verrührt, bevor der ganze Mix in der heißen Milch rührend für die richtige Konsistenz sorgt. Während des Abkühlens sollte die *crema* immer mal wieder durchgeschlagen werden, dann bleibt sie geschmeidig.

Schließlich landet sie im Spritzbeutel und Klecks an Klecks auf den Platten, die den Boden der *millefoglie* bilden sollen. Vorsichtig mit Teigplatten deckeln, dann eine zweite Etage bauen. Hier kommen vielleicht ein paar Extras zum Einsatz? Beeren? Schlagsahne? Alles ist erlaubt! Das Dach wird mit einem Schleier Puderzucker gekrönt, und dann ist es Zeit, die *millefoglie* zu servieren!

2 Std.

45 Min.
Backen 20 Min.

6 Portionen

SFOGLIATELLE NAPOLETANE

Neapolitanische Krebsschwänze

Teig
500 g Mehl
10 g Salz
200 ml Wasser
1 EL Honig
ca. 150 g Schmalz

Füllung
200 ml Milch
75 g Grieß
250 g Ricotta
130 g Zucker
1 Ei
80 g kandierte Früchte, gewürfelt
Puderzucker zum Bestäuben

Aus Mehl, Salz, Wasser und Honig wird der eigentliche Teig gemischt und gründlich geknetet. Vor dem Ausrollen ruht er eine halbe Stunde. Nudelholz oder Teigmaschine: wir brauchen hauchdünne Bahnen! Geduld! Irgendwann fügt sich der Teig in sein Schicksal. Jede Bahn wird gleichmäßig mit Schmalz bestrichen, mit einer zweiten Bahn abgedeckt und erneut ausgerollt. Wieder mit Schmalz bestrichen, werden die Bahnen nun wie Teppiche aufgerollt. Je länger die Bahn, desto dicker die Rolle, desto größer die *sfogliatella*, da gibt es keine Vorgabe!

Diese Rollen müssen einen ganzen Tag kühl durchziehen. Dafür in Folie einwickeln, sie dürfen nirgends austrocknen.

Am Tag darauf wird die Füllung zubereitet: Milch und Grieß werden zu einem weichen Brei gekocht, alle anderen Zutaten kommen im Anschluss hinzu.

Von der geschneckten Teigrolle werden Scheiben von ca. 1,5 cm Dicke abgeschnitten. Man legt beide Daumen auf die Scheibenmitte und zieht sie behutsam in Kegel- oder Tütenform. Achtung, die Teiglagen müssen sich immer etwas überlappen. Beim Befüllen nicht wundern – da passt 'ne Menge rein!
Das offene Ende wird flach zusammengedrückt. So backen die Hörnchen Seite an Seite ca. 30 Minuten bei 180 °C. Fertig gebacken lassen sich die süßen Krustentiere einen Schauer von Puderzucker gefallen.

ca. 16 Stück

45 + 45 Min.
Backen 30 Min.

30 Min. + 1 Tag

Opus Proclama Opus Proclama

Turin – Galleria Subalpina

DELIZIE AL LIMONE

Zitronencreme-Törtchen

Teig
2 ½ Eigelb
1 EL Zucker
35 g Mehl
2 ½ Eiweiß

Zitronencreme
250 ml Milch
abgeriebene Schale von 2 Zitronen
2 ½ Eigelb
1 EL Zucker
30 g Mehl

200 g Sahne
20 g Zucker

100 ml Limoncello
Saft von 1 Zitrone

Dekoration
Zitronenfilets
einige Zitronatwürfel
etwas fein geriebene Zitronenschale

Mit ausreichend meditativer Distanz zum großen Auftritt der Diva Zitrone werden zuerst die Biskuit-Taler gebacken. Das kann auch am Vortag geschehen. Eigelbe und Zucker zu einem dichten Schaum schlagen, dann das Mehl unterrühren. Eiweiße schlagen und den Eischnee unterheben. Auf Backpapier mit einem Esslöffel einheitlich große runde Linsen portionieren und diese bei ca. 160 °C in maximal 20 Minuten goldig und fest backen.
Für die Creme Milch und Zitronenschale erhitzen. Eigelb-Zucker-Mehl-Prozedur wiederholen. Warme Milch abseihen, mit der Eicreme vermischen und dann behutsam unter ständigem Rühren erhitzen. Auch wenn die Creme dick zu werden beginnt: ein paar Minuten braucht das Mehl, um zu quellen. Dann kann die Creme abkühlen.
Sahne mit Zucker steif schlagen. Einen kleinen Teil der Schlagsahne unter die Zitronencreme mischen. Der größere Teil wird für die Außengestaltung verwendet, wobei dann der Rest der Creme unter die Schlagsahne gemischt werden kann.
Aber der Reihe nach:
Die Biskuits nehmen kurz ein Limoncello-Zitronensaftbad. Die Montage der *delizie* erfolgt dann direkt auf den Serviertellern:
Ein eingeweichter Biskuit unten, darauf Zitronencreme, dann wieder ein Biskuit. Die Zahl der Taler, die Festigkeit der Creme und der Mut der Verantwortlichen entscheiden über ein zweites Stockwerk. Kann, muss aber nicht. Das Paket wird rundherum mit Schlagsahne eingekleidet und nach Belieben mit Zitronenutensilien dekoriert. Die *delizie* sollten vor ihrem Einsatz wenigstens 2 Stunden gekühlt durchziehen.

2 Std. | 1 Std. Backen 20 Min. | 6 Stück

BRIOCHE COL TUPPO

Sizilianische Brioche

20 g frische Hefe
40 ml lauwarmes Wasser
1 TL Zucker
3 Eier
500 g Mehl
200 ml Milch
125 g Butter
100 g Zucker
abgeriebene Schale von 1 Orange und/oder Zitrone
Butter für das Blech

In etwas warmem Wasser wird die Hefe aufgelöst. Mit einem Teelöffel Zucker und einer Handvoll Mehl wird ein Vorteig daraus. Nach 2 Stunden kommt ein zimmerwarmes Ei, ⅔ des Mehls und die in warmer Milch aufgelöste Butter hinzu. Ein Esslöffel Milch muss übrigbleiben. Diese Mischung kann man gar nicht lange genug kneten. Das darf auch gerne eine Maschine übernehmen. Nach wenigstens einer weiteren Stunde wird der Teig mit dem zweiten Ei, dem Eiweiß des dritten Eis, dem Zucker, dem Rest des Mehls und den Zitrusabrieb vervollständigt. Erst wenn nach vielem Kneten ein ganz weich-elastischer und ganz glatter Teig entstanden ist, folgt eine letzte Ruhephase von etwa 1 Stunde.
Es werden aus dem Teig 12 etwa 80 g schwere Kugeln geformt. Dabei soll noch etwas übrig sein für die *tuppi*, die Knubbel: Murmelgroße Kugeln, die an einem Ende tropfenförmig gespitzt werden, um sich mit der Spitze in einem Loch in der Mitte der großen Kugeln zu verankern.
Das reservierte Eigelb und der Esslöffel Milch werden verrührt. Damit werden die *brioches* satt eingepinselt, auf dass sie sich schön im Ofen bräunen! Auf dem gebutterten Blech ruhen sie vorher noch eine Weile aus, gewinnen an Volumen und werden dann bei 160 °C etwa 25 Minuten gebacken. *Brioches* sind das perfekte Frühstück. Schlicht, weich, duftig und unkompliziert. An heißen Tagen werden sie in Sizilien mit einer guten Portion Sorbet zu einem lukullischen Glaubensbekenntnis.

12 Stück

45 Min.
Backen 25 Min.

4 Std.

PESCHE DOLCI

Süße Pfirsiche

Teig
250 g Mehl
75 g Zucker
80 g weiche Butter
15 g Trockenhefe
15 g Honig
2 Eier
1 Msp. Salz
1 Päckchen Vanillezucker

Cremefüllung
250 ml Milch
abgeriebene Schale
von 1 Zitrone
1 Eigelb
60 g Zucker
25 g Maisstärke

Dekoration
Alchermes-Likör
Zucker

Alchermes verwandelt das Gebäck in reife und saftige Früchte – optisch zumindest, denn sein Aroma hat nichts wirklich Fruchtiges. Aus den Zutaten für den Teig wird unter Zugabe von Wasser und mit viel Körpereinsatz ein weicher, aber nicht mehr schlaffer Hefeteig geknetet. Walnussgroße Kugeln bekommen dann gut vor Luftzug geschützt Zeit zu gehen. Dass sie dabei auch etwas flach werden, geschieht ihnen recht. Bei 140 °C backen die Pfirsichhälften 15 bis 20 Minuten, ohne dass ihre Oberfläche zu braun wird.

Während die Teigstücke abkühlen, wird die *crema pasticcera* zubereitet: Milch mit Zitronenabrieb erhitzen. Eigelb, Zucker und Stärke zu einem festen Schaum schlagen. Sobald die Milch köchelt, darf sie durch ein Sieb zu der Ei-Stärke-Masse gegossen werden. Langsam! Rühren! Sonst wird die *crema* bestimmt nicht gleichmäßig. Die ganze Mischung wird dann rührend erhitzt, bis sie deutlich fester wird. Auch die *crema* muss abkühlen, sollte dabei immer mal wieder durchgeschlagen werden, denn sonst wird sie steif wie ein Pudding.

Vor der Montage werden die Pfirsichhälften mit Alchermes übergossen und auf ihrer runden Seite in Zucker gewälzt. Dann müssen sie nur noch paarweise zueinander finden; je ein satter Löffel *crema* kittet die Beziehung. Saftige Pfirsiche lässt man nicht lange liegen!

2 Std. | 35 Min. Backen 25 Min. | 6–8 Stück

CANNONCINI ALLA CREMA

Blätterteighörnchen mit Vanillecreme

300 g TK-Blätterteig
350 ml Milch
200 g Sahne
120 g Zucker
abgeriebene Schale von 1 Zitrone
1 TL Vanillezucker
6 Eigelb
40 g Maisstärke
Butter für die Blechröllchen

Damit das Sonntagsfrühstück verlässlich und elegant über die Bühne geht, greifen wir auf vorgefertigten Blätterteig zurück.
Die *crema*: Milch, Sahne, die Hälfte des Zuckers, Zitronenabrieb und Vanille werden zum Kochen gebracht. Eigelbe, der Rest des Zuckers und die Stärke müssen unterdessen in einem weiteren Topf glatt verrührt werden, denn dann kommt die heiße Milchmischung hinein – durch ein Sieb gegossen, um die Zitronenschale abzufangen.
Die ganze Mischung wird jetzt vorsichtig und unter ständigem Rühren erhitzt, bis sie leicht blubbert, andickt und schließlich glatt wird. Optimaler Zeitpunkt: wenn die Stärkepartikel gerade noch ein letztes bisschen auf der Zunge spürbar sind.
Während die *crema* abkühlt und dabei immer mal wieder durchgeschlagen wird, taut der Teig auf. Er wird in 1,5 cm breite Streifen geschnitten.
Das Ausgefallenste an diesem Rezept ist die Beschaffung gerader oder konischer Blechröllchen. Sobald sie gebuttert sind, können die Teigstreifen spiralförmig aufgewickelt werden, immer mit ein bisschen Überlagerung. Im vorgeheizten Ofen (180 °C) werden die Röllchen liegend 15 bis 20 Minuten durchgebacken, sie sollten innen nicht mehr weich sein. Abkühlen lassen. Die *crema* in einen Spritzbeutel geben und die *cannoncini* damit füllen. Man kann die Blätterteigröhren auch am Vortag backen. Wichtig ist, dass sie erst kurz vor dem Verzehr gefüllt werden, damit sie nicht aufweichen. Eine Spritztüte empfiehlt sich dafür.
Buona domenica.

6 Stück

30 Min.
Backen 15–20 Min.

AR FOLIGNO • IL C

PASTICCIOTTI SALENTINI

Cremeschiffchen aus dem Salento

Teig
125 g Schmalz (oder Butter)
3 Eigelb
100 g Zucker
25 g Honig
250 g Mehl
½ Päckchen Backpulver
1 Prise Salz
1 EL Milch

Crema
4 Eigelb
125 g Zucker
25 g Mehl
25 g Maisstärke
300 ml Milch
200 g Sahne
abgeriebene Schale von 1 Zitrone

Je weiter man in den Süden kommt, desto süßer und reichhaltiger werden die Kunststücke. In der Provinz Lecce, die den südöstlichen Zipfel des italienischen Festlandes bildet, wird der schlichte Reiz einer gehaltvollen Komposition zelebriert: Ein Schiffchen aus krosskrümeligem Mürbeteig, das eine duftig satte Cremefüllung umschließt – so etwas segelt bei der ersten Morgenbrise ins apulische Leckermaul.
Weil der Teig ruhen soll, wird er zuerst zubereitet. Schmalz, 2 Eigelbe, Zucker und Honig werden gründlich vermischt. Mehl, Backpulver und Salz kommen zum Schluss. Teig 1 Stunde kühl stellen. Dann dünn ausrollen. Für die crema Eigelbe zu Schaum schlagen, Zucker hinzufügen, wieder schlagen, bis er sich auflöst, dann Mehl und Stärke einrühren. Milch und Sahne werden mit der Zitronenschale erhitzt. Erst verlässt die Schale die Milch, dann wird die Eimischung eingerührt und alles so lange am Köcheln gehalten, bis die *crema* nur noch in dicken Klecksen vom Kochlöffel tropft.

12 Muffinförmchen werden dünn mit Teig ausgekleidet, am Rand darf er überstehen, das erleichtert eine dicht schließende Verbindung mit dem Teigdeckel. Der kommt aber erst drauf, wenn die Schiffchen bis zur Bordkante mit *crema* beladen sind. Restliches Eigelb mit 1 Esslöffel Milch verquirlen und die Deckel damit bestreichen. Nicht vergessen, das Deck mit Eigelb-Milch-Mischung zu lackieren! Man kann die ungebackenen *pasticciotti* einfrieren. Dann bleibt die *crema* beim Backen kühl und gart weniger mit. Jetzt fahren sie in den Ofen (160 °C), lassen sich 20 Minuten bräunen und glänzen dann auf der Frühstückstafel.

2 Std. | 45 Min. Backen 20 Min. | ca. 12 Stück

ZEPPOLE NAPOLETANE

Närrische Krapfen

500 g frisch gekochte Kartoffeln (mehlig)
50 ml Milch
100 g Butter
500 g Mehl
3 Eier
100 g Zucker
abgerieben Schale von 1 Zitrone
25 g frische Hefe
Öl zum Frittieren
Kristallzucker zum Wälzen

Die *zèppole* sind in Italien mindestens so verbreitet wie die *commedia dell'arte* und der Karneval. Natürlich heißen sie dann auch mal anders und wie so oft variieren auch die Zutaten leicht. Die klassische Version setzt auf Kartoffeln für eine saftige Konsistenz.
Die warmen Kartoffeln werden geschält und zu Püree gepresst. Auch Milch und Butter werden gemeinsam angewärmt. Mehl, Eier, Zucker, Zitronenabrieb, Kartoffelpüree und Milch-Butter-Mischung werden verknetet, bevor die Hefe hineinkrümelt. Bis sich ein weicher, homogener und einigermaßen glatter Teig ergibt, ist ausgiebiger Einsatz gefordert. Der Knethaken sollte die Arbeit übernehmen.

Dann können kleine Bällchen à ca. 60 g portioniert werden: in Mehl gewälzt kleben sie nicht mehr und können mittig mit einem großzügigen Loch versehen werden. Abgedeckt ruhen die Rohlinge wenigstens 2 Stunden und blähen sich dabei auf doppelte Größe. Portionsweise werden sie frittiert. Da sie fluffig im Öl dümpeln, müssen sie einmal gewendet werden. Gleichmäßig zartbraun tropfen sie ein paar Minuten ab und wälzen sich kurz in Zucker.

Frisch sind sie eine unwiderstehliche Verführung. Sollte doch etwas übrigbleiben, sind die Kringel auch nach einem Tag Ruhezeit noch saftige Sattmacher!

ca. 30 Stück | 1 Std. | 2 Std.

CANNOLI SICILIANI

Ricottarollen

Teig
180 g Mehl
15 g Zucker
20 g Schmalz
5 g Kakaopulver
1 kl. Prise Salz
1 TL Weinessig
40 ml Marsala
1 verquirltes Ei zum Bestreichen
1 l Öl zum Frittieren

Füllung
350 g Ricotta
90 g Zucker
80 g Schokoladentröpfchen

Dekoration
20 kandierte Kirschen
oder andere kandierte Früchte
oder Pistaziengranulat
etwas Puderzucker

Alle Teigzutaten werden in der o. g. Abfolge gründlich miteinander vermengt. Der feste Teig ruht wenigstens 1 Stunde, dann wird er zu 1–2 mm dünnen Bahnen ausgerollt. Eine Teigmaschine wäre eine große Hilfe!
Um die *cannoli* zu frittieren, braucht es etwa fingerlange Blechröhrchen. Man kann sie kaufen oder aus dünnem Weißblech selbst herstellen. Um jedes Röhrchen wird ein quadratisches Teigstück diagonal gerollt, die überlappenden Enden mit Ei bepinselt und geschlossen.

Im heißen Öl (175 °C) sind sie innerhalb weniger Sekunden kross, sie tropfen auf Küchenpapier ab. Man entfernt die Röhrchen, indem man sie leicht zusammendrückt. Sind sie nach einer Seite etwas schmaler, geht das eigentlich ganz leicht.

Die Füllung kann vorbereitet werden. Die *ricotta* sollte so gründlich wie irgend möglich abtropfen. Dazu liegt sie über Nacht in einem Sieb im Kühlschrank. Mit den restlichen Zutaten gemischt, wird eine geschmeidige Creme daraus. Gefüllt werden die *cannoli* erst kurz vor dem Servieren, damit sie kross bleiben! Mit dem Spritzbeutel (große Öffnung) lässt sich das bewerkstelligen ohne die Teigrollen zu zerbröseln. Sobald sie dekoriert und ganz leicht gepudert sind, können die absoluten sizilianischen Klassiker serviert werden.

1 Std. | 1 Std. | 20 Stück

Otranto, Lungomare degli Eroi

Fermo – Corso Cefalonia

Die *crostata* ist immer und überall. Den Mürbeteig mit Marmelade unter Teiggitter gibt es im ganzen Land. Es ist vermutlich der italienischste Kuchen überhaupt, aber keiner, der einen großen Auftritt hat, auch keiner mit großer Geschichte. Es gab ihn vermutlich schon immer, und meine Tanten hatten stets ein frischgebackenes Exemplar in der Küche, meistens unter einem Leinentuch versteckt. Die *crostata* war da, duftete zart durch die Küche und wurde zu jeder Tageszeit angeboten. Morgens zum Kaffee, abends zum Wein. Der krosse Kuchen war für Anna, Maria und Irma eine Art Fingerübung: ist er gemacht, sind Knochen und Muskeln bereit für frische *pasta* oder eine *torta* mit mehr Ruhm. Meine Tanten backen traditionell. Zu Weihnachten *pandoro* oder *panettone*, zu Ostern *colomba*. Die Zutaten sind identisch, der Anlass bestimmt die Form. Dass die *colomba*

Crostate & Torte

••• Kuchen und Torten

als zuckerweiße Taube daherkommt, verdankt Italien offenbar einem Mailänder Werbegenie. Der schickte das Hefegebäck mit Butter, Eier, Zucker, kandierten Orangen und gerösteten Mandeln erstmals in den 30er Jahren in friedlicher Mission von der Süßwarenfabrik Motta in die Geschäfte. Selbstgemacht fordern die fluffigen Teile wirklich viel Geduld in der Küche. Da geht es an anderen Feiertagen flotter. Es gibt Krapfen zu Karneval, Torten zum Weltfrauentag und auch Allerseelen wird versüßt: auf Sizilien mit knochenharten Keksen die tatsächlich *ossa dei morti*, also „Gebeine" heißen. Wir empfehlen stattdessen, sich einen tristen Tag mit einem *tortino al cioccolato* zu erhellen. Die warme Wonne lässt sofort alle Sorgen verfliegen, weil man wie die Schokolade im Inneren einfach nur dahinschmilzt.

PANDORO DI VERONA

Weihnachtskuchen

40 g frische Hefe
500 g Mehl Type 405
3 Eigelb
150 g Zucker
200 g Butter
150 g Zucker
2 Eier
150 g Puderzucker

Es geht eigentlich ganz geschmeidig los, mit einem Vorteig aus Hefe, in etwas handwarmem Wasser aufgelöst, 90 g Mehl, 1 Eigelb und 10 g Zucker. An einem warmen Ort ruht der Vorteig abgedeckt etwa 3–4 Stunden.
Aus 150 g Mehl, 30 g geschmolzene Butter, 70 g Zucker und 2 Eigelben entsteht eine Mischung, die dann mit dem Vorteig gründlich verknetet wird. Das kann von einer Küchenmaschine erledigt werden oder es erfordert ein bisschen Muskelkraft. Dafür darf der Teig dann aber auch an einem eher kühleren Ort übernachten.

Morgens werden der Rest des Mehls, 50 g Zucker, 30 g im Wasserbad erwärmte Butter und 2 Eier eingeknetet. Das ersetzt jede Morgengymnastik. 2 Stunden Pause für Teig und Bäcker.
Zur finalen Runde wird der Teig fingerdick ausgerollt und die restliche Butter in Flöckchen in der Mitte verteilt. Die Ränder des Teigs werden so übereinander geschlagen, dass die Butter darin dicht verschlossen ist. Behutsam wird das Päckchen mehrfach durch Ausrollen etwas abgeflacht und dann zusammengeklappt. Zwischendurch erholt sich der Teig jeweils eine halbe Stunde im Kühlschrank, bevor die Prozedur wiederholt wird.
Die hohe Backform – außerhalb Italiens wird man die sternförmigen Aluformen kaum auftreiben, da muss ein bisschen improvisiert werden – wird mit Butter und Puderzucker präpariert. Aus dem Teigpaket wird durch behutsames Einklappen der Seiten eine glatte Kugel, die dann in der Form abzulegen ist. Der Teig geht noch einmal in der Form, bis er wenigstens den oberen Rand erreicht hat. Dann beginnt der Ofen sein 45-minütiges Werk bei 180 °C (Umluft), nach etwa 15 Minuten auf 170 °C reduziert. Eine Haube aus Alufolie hilft, eine zu dunkle Kruste zu verhindern.

Nach dem Abkühlen wird der *pandoro* in einer Plastiktüte gelagert. Wenn seine Sternstunde gekommen ist, rieselt der Puderzucker in die Tüte, die mit viel Luft verschlossen wird. In seinem zuckrigen Kosmos kreist der Stern, bis er dick eingepudert ist. Von jetzt an darf er seinen Duft versprühen.

8 Portionen

90 Min.
Backen 45 Min.

4 + 12 + 2 + 2 Std.

PANFORTE MARGHERITA

Gewürzkuchen aus Siena

250 g Mandeln
100 g Zitronat/Orangeat, gewürfelt
150 g Weizenmehl Type 550
150 g Honig
150 g Puderzucker
30 ml Wasser
10 g Gewürzmischung aus gemahlenen
Nelken, Muskat, Zimt, Sternanis
60 g Vanille-Puderzucker

Panforte, das starke Brot. Fest und unscheinbar kommt dieser noble Gewürzkuchen daher. Es wird behauptet, dass Äbtissin Berta im Konvent von Montecelso um das Jahr 1550 das Rezept ersonnen hat, weil das ihr gelieferte süße Brot während einer Belagerung Sienas immer schimmlig wurde.
Diese mildere Variante, die ohne Pfeffer und Kakao auskommt, trägt ihren Namen stolz nach der Königin Margherita, die Siena 1879 besuchte und offenbar mit dem ihr dargebotenen Luxus einverstanden war.

Die Mandeln werden vorab 5 Minuten lang bei 180 °C im Ofen geröstet.
Die gewürfelten kandierten Früchte werden mit dem Mehl dazu gebracht, nicht aneinander zu kleben. Honig, Puderzucker, Wasser und die gemahlenen Gewürze werden zusammen zu einem Sirup verkocht. Eine Springform muss mit Backpapier vorbereitet sein (Boden und Rand), wenn die Mandeln und der Sirup zur Früchte-Mehl-Mischung in die Rührschüssel kommen und warm vermischt werden. Die Mischung ist zäh! Um sie flach und dicht in der Form zu verteilen lohnt es sich, eine Hand gut nass zu machen. Erst den *panforte* in den Ofen (150 °C, 30 Min.), dann die Hand ablecken!

Der *panforte* hält sich – theoretisch – bis weit ins nächste Jahr, und vor dem Anschnitt sollte er unbedingt zwei Wochen durchziehen. Dazu wird er mit viel Puderzucker in Folie verpackt.

In Italien ist Puderzucker mit Vanille-Aroma sehr gebräuchlich. Man kann ihn in der elektrischen Mühle aus Kristall- und Vanillezucker selbst herstellen.

14 Tage | 1 Std. Backen 30 Min. | 16 Portionen

TORTINO AL CIOCCOLATO CALDO

Heiße Schokoladentörtchen

180 g dunkle Schokolade mind. 55 % Kakaoanteil
165 g Butter
4 Eier Größe L
175 g Zucker
75 g Mehl Type 405

etwas flüssige Butter
etwas Mehl
etwas Puderzucker

Hier geht es ums Maßhalten! Und damit ist nicht nur das Wegfuttern gemeint. Bei diesen Schokoträumchen darf nicht Pi mal Daumen gemessen werden, alle Zahlenwerte in diesem Rezept sind wörtlich zu nehmen.

Schokolade in Stückchen und Butter schmelzen zusammen im Wasserbad.
In einer Schüssel werden derweil Eier und Zucker zu einer glatten Creme geschlagen.

Der Schokomix fließt unter stetem Rühren zur Eiercreme. Einige Minuten am Schneebesen durchhalten, bis eine seidig-flüssige Konsistenz erreicht ist! Erst dann wird das Mehl dazugesiebt und das Ganze nochmal gründlich aufgemischt, bevor es sich abgedeckt im Kühlschrank ausruhen darf, wenigstens 12 Stunden!
Gebacken werden die Törtchen erst, wenn der Hauptgang abgeräumt ist.
Dazu 6 Souffléförmchen von etwa 8 cm Durchmesser mit etwas geschmolzener Butter dünn, aber lückenlos bepinseln und mit Mehl sorgfältig auspudern. Die Teigcreme in die Förmchen füllen, dabei aufpassen, dass sich keine Luftkammern bilden.

Im vorgeheizten Ofen backen die Törtchen bei 200 °C etwa 9 Minuten. Dann nicht zögern, sondern die heiße Versuchung sofort entschlossen auf die Servierteller stürzen!
Mit Puderzucker beschneien und ganz schnell auf den Tisch damit.

6 Portionen | 30 Min. Backen 9 Min. | mind. 12 Std.

TORTA MIMOSA

Mimosentorte zum Frauentag

Biskuit-Teig
3 Eier
3 Eigelb
160 g Zucker
1 Prise Salz
2 g Safranfäden
oder 1 kleine Kurkumawurzel
abgeriebene Schale von 1 Zitrone
70 g Mehl
95 g Mais- oder Kartoffelstärke
80 ml Orangenlikör zum Tränken

Crema
6 Eigelb
150 g Zucker
30 g Mehl
40 g Mais- oder Kartoffelstärke
400 ml Milch
100 g Sahne
1 Päckchen Vanillezucker

Drei wesentliche Eigenschaften der Mimose stehen für dieses Gebäck Pate: die sprichwörtliche Fluffigkeit, die kompromisslose Farbe und der betörende Duft der Büten. Ein Teil des Biskuits, italienisch *pan di spagna*, ziert die Torte in Flöckchenform, also sorgen wir für eine entsprechende harzig-aromatische Färbung des Teigs. Echter Safran muss immer am Vortag eingeweicht werden, um sich voll zu entfalten. Frische Kurkumawurzel, mit etwas Zucker püriert, stellt hier eine würdige Alternative dar.
Für den Teig werden die Eier und Eigelbe mit Zucker, Salz und den Aromen zu einem feinen, homogenen Schaum geschlagen. Mehl und Stärke sind zu sieben und behutsam einzurühren. Dann kommt die Masse in eine gebutterte und ausgemehlte Springform (ca. 24 cm) und für etwa ½ Stunde in den vorgeheizten Ofen (160 °C). Die Oberfläche sollte nicht zu braun werden, und wenn die Masse nicht mehr am Probestichel klebt, wird der Ofen ausgeschaltet. Der Biskuit erkaltet langsam und geschützt im Ofen!

Es muss ja auch noch die *crema pasticciera* gerührt werden! Eigelbe und Zucker werden zu Schaum geschlagen, Mehl und Stärke gründlich eingerührt. Milch, Sahne und Vanillezucker müssen zum Kochen gebracht werden, dann

4 Std. | 90 Min. Backen 30 Min. | 8 Stücke

geht's bei kleiner Flamme weiter: der Ei-Mehl-Schaum kommt in die Milch, schwimmt so lange darin, bis die Milch wieder köchelt. Nun wird alles kräftig durchgerührt, und zwar so lange, bis die Cremigkeit überzeugt. Anders als bei Pudding bleibt das Mehl auf der Zunge ganz leicht spürbar. Abgedeckt kühlt die Creme aus.

Der Biskuit muss mit einem langen Messer in drei Böden geschnitten werden. Im Durchmesser werden die Scheiben auf ca. 18 cm reduziert. Von den Abschnitten wird alle Kruste entfernt. Der Rest muss zu kleinen Flöckchen zerteilt werden. Das ist mit einem Apfelstecher besonders mühsam, aber es kommen schöne runde Mimosenblüten dabei heraus.

Die oberste Biskuitscheibe bildet mit der Außenseite nach unten den Boden der Torte. Sie wird mit wenig Likör getränkt und wie jede folgende Lage mit einer Schicht *crema* bestrichen. Die beiden weiteren Lagen vertragen mehr Likör. Auch rundherum muss die Torte mit *crema* versehen werden, dann kleben die Biskuitblümchen darauf dicht an dicht.

Ein paar Stunden gekühlter Schönheitsschlaf ist dringend zu empfehlen.

Dann hat die *signora* ihren Auftritt.

Der 8. März leuchtet quietschgelb und ist nicht zu übersehen. Es wird gefeiert, und zwar die Frau! Einfach eine zu sein, dass es sie gibt, und überhaupt, was wäre die Welt schon ohne sie – das ist den Italienern an diesem Tag ein fröhliches „*auguri*" wert. Und eine Mimose.

Landauf landab werden die blühenden Zweige überreicht oder wenigstens als Bildchen verschickt. Instagram, Facebook & Co. sind an diesem Tag grellgelb geflutet: In Italien ist nicht Weltfrauentag, es ist *Festa della donna*.

Der Ursprung mag gleich sein, die Herangehensweise ist eine völlig andere. Fröhlich selbstbewusst und hüftschwingend weisen die Italienerinnen fast nebenbei auf ihre immer noch ungelösten Probleme hin. Mimosenduft zieht durch die Straßen und bindet jedem auf die Nase, dass da was war mit Gewalt, schlechter Bezahlung, Doppelbelastung und und und. Aber was hilft, wenn es einem schlecht geht? Feiern und essen! An diesem Tag gibt es *torta mimosa*. Die kommt als gelbe Biskuitbombe auf den Tisch und erinnert daran, dass es drei Widerstandskämpferinnen waren, die diese Blüte als Symbol für den besonderen Tag ausgesucht haben. Weil sie im März gerade blüht und so für jeden kostenlos zu haben ist. Außerdem setzt sich das zarte Pflänzchen auch auf schwierigen Böden durch, trotz widrigen Umständen und besitzt so gelb wie sie ist, enorme Strahlkraft. Von wegen Mimöschen!

CROSTATINE AL LIMONE

Zitronentörtchen

Teig
200 g Mehl
50 g Maisstärke
1 Ei
80 g Zucker
80 g Butter
200 g getrocknete Bohnen zum Blindbacken

Creme
2 Zitronen
250 ml Milch
3 Eigelb
50 g Zucker
50 g Maisstärke
50 g Sahne

Baiserhaube
2 Eiweiß
1 kl. Prise Salz
100 g Puderzucker

Der Teig zuerst. In einer Schüssel werden alle Zutaten von Hand verknetet und zu einer glatten Kugel geformt. Beim Ei kommt es auf die Größe an, bleibt der Teig bröckelig, löffelchenweise mit Wasser nachhelfen. Die geschmeidige Teigkugel ruht dann mindestens 1 Stunde im Kühlschrank.

Für die Creme wird mit einem Sparschäler die Schale der Zitronen gewonnen. Die wird mit der Milch aufgekocht, vom Herd genommen und ziehen gelassen. Die Zitronen auspressen. Die Eigelbe mit dem Zucker verquirlen, bis keine Körnchen übrig sind. Dann rieselt die Maisstärke hinzu. Die aromatisierte Milch wird von der Zitronenschale befreit, mit der Zucker-Ei-Paste und dem Zitronensaft vermischt und unter ständigem Rühren nochmals aufgekocht, bis sie puddingartig ist. Abkühlen lassen und dann erst die flüssige Sahne untermischen.

Aus dem Teig 6 golfballgroße Stücke formen, zu kleinen runden Fladen ausrollen und die ca. 10 cm großen Tartelette-Formen damit auskleiden. Trockenbohnen dienen bei 160 °C als Platzhalter beim Blindbacken für ½ Stunde.

Die Eiweiße werden zunächst mit der Hälfte des Puderzuckers und einer winzigen Prise Salz kräftig aufgeschlagen: Nach und nach den Rest Puderzucker einstreuen und mit voller Kraft weiterschlagen, bis ein fester Schaum entstanden ist.

Die Törtchen aus dem Ofen holen, von den Bohnen befreien und mit der Zitronencreme auffüllen. Mit einem Löffel die Baiser-Häubchen auftürmen und alles bei 140 °C nochmals für 10 Minuten in den Ofen schieben. Abkühlen lassen. Geschafft!

12 Std. | 25 Min. Backen 9 Min. | 6 Portionen

Caffetteria Gelateria LUINO
Montoro

CASSATA SICILIANA

Sizilianische Schichttorte

Füllung
250 g Ricotta
200 g Zucker
100 g kandierte Früchte
60 g Schokotröpfchen

Hülle
200 g Mandeln, blanchiert
150 g Puderzucker
grüne Speisefarbe
2 Böden Biskuit
Orangenlikör oder Amaretto

Dekoration
200 g Zucker
18 g Glukosesirup
38 g Wasser
Kandierte Früchte

Wer eine Cassata zubereitet, hat das fertige Stück vor Augen, leuchtend bunt. Die kandierten Früchte liegen bereit, die schönsten Stücke schon abgezählt. Für die weniger ansehnlichen Stückchen ist Platz im Inneren.
Die Füllung besteht aus der gründlich abgetropften Ricotta, mit Zucker verrührt und angereichert mit den aromatischen Zutaten.

Besondere Aufmerksamkeit verdient die Form, in der die *cassata* zusammengebaut wird: Eine Kuppeltortenform (20 cm) oder Pastetenform (24 cm). Hauptsache, sie lässt sich gut stürzen!

Pasta reale, also „königlicher Teig" wird das grüne Marzipan genannt, das für die Ummantelung gebraucht wird. Die Mandeln werden dazu wenige Minuten in kochendem Wasser aufgeweicht, anschließend fein püriert. Frische Aprikosenkerne oder Bittermandeln können aromatisierend eingesetzt werden. Puderzucker wird in 2 EL Wasser aufgelöst, dann mit dem Mandelpüree verknetet, bis sich der Teig vom Gefäß löst. Zur Weiterverarbeitung wird immer Puderzucker verwendet, um ein Kleben zu verhindern. Das gilt auch für die Form, die jetzt mit likörgetränktem Biskuit und dünn ausgerolltem Marzipan ausgekleidet wird. Möglichst lückenlos und randvoll wird mit der Füllung aufgefüllt und mit Biskuit abgedeckt. Das kann durchaus auch mit den Abschnitten von *pasta reale* und Biskuit geschehen, die beim Auskleiden entstehen. Teller drauf und fest andrücken, dann gekühlt durchziehen lassen!

Glasiert wird mit einem Zuckersirup, der durch Erhitzen der Zutaten auf 60 °C entsteht. Bei der Dekoration mit schmucken Stücken kandierter Früchte zeigt sich dann der ganze Gestaltungswille des Zuckerbäckers!

4 Std. | 1 Std. | 6–8 Portionen

CROSTATA ALLA MELA COTOGNA

Quittenkuchen

Füllung
1 reife Quitte
2 EL Zucker

Mürbeteig
150 g weiche Butter
1 TL flüssiger Honig
abgeriebene Schale von 1 Zitrone
100 g Puderzucker
4 Eigelb (80 g)
1 Prise Salz
250 g Mehl

Aus der Quitte ist rasch ein marmeladiges Kompott gekocht. Dazu die Quitte waschen, vierteln und von Gehäuse, Stiel und Blütenansatz befreien. Die Viertel in feine Scheiben schneiden, mit dem Zucker weichkochen und pürieren. Fertige Quittenmarmelade geht natürlich auch.
Der Mürbeteig *(pasta frolla)* muss frühzeitig gemacht werden, er ist nur gut durchgekühlt zu verarbeiten. Los geht's mit der weichen Butter, dem Honig, dem Zitronenabrieb und dem Puderzucker. Sie werden verknetet. Die Eigelbe kommen erst hinzu, nachdem das Salz darin verrührt und wenigstens teilweise aufgelöst ist, damit es sich gut verteilt. Zuletzt wird das gründlich gesiebte Mehl eingeknetet. Der Teig ist butterweich, aber nicht klebrig. So kommt er in den Kühlschrank und zieht durch, am besten eine Nacht lang.
Gekühlt lässt er sich gut ausrollen. Zuerst wird eine Bodenplatte von ca. 4 Millimeter Stärke benötigt. Sie kann mit dem Ring der Springform ausgestochen werden und landet unmittelbar in der Backform.
Die Fruchtschicht ist ähnlich dick. Insgesamt macht sie etwa ein Drittel der Torte aus. Gleichmäßig auf dem Boden ausstreichen, dabei 1 Zentimeter Rand freilassen. Die Quittenschicht wird nun mit einem Rautengitter aus Teigstreifen abgedeckt. Der letzte Rest Teig landet als Röllchen im Rand und wird gleichmäßig angedrückt. Mit einem Löffelstiel o.Ä. kann man für ein bisschen ornamentale Struktur sorgen, indem man kleine Zähnchen hineindrückt.

Etwa 40 Min. bleibt die *crostata* bei 160 °C im Ofen, dann sollte sie zart gebräunt sein.

Torte Ø 24–26 cm (12 Stück)

30 Min.
Backen 40 Min.

12 Std.

VIA
VITTORIO VENETO
BAR CENTRALE
TRATA
GELATI

Luino/Lago Maggiore – Via Vittorio Veneto

Kekse gibt's wie Sand am Meer. Sie nehmen in italienischen Supermärkten mehr Raum ein als Nudeln. Mindestens eine Regalwand voll hat jeder Laden. Überwiegend handelt es sich dabei um *frollini*, also Kekse aus Mürbeteig in allerlei Ausführung. Gespritzt oder glatt als Kringel, eckig oder kreisrund, lang oder kurz und manchmal mit Kakaoanteil. Allen gemein ist: sie sind staubtrocken. Das macht nix, denn sie gehören zur Gattung der Frühstücksware und werden als solche in eine große Tasse *caffèlatte* getunkt und erreichen den Gaumen kurz vorm Auseinanderschlabbern. Das wäre dann auch schon ein ganzes italienische Frühstück.
Die handwerklich gefertigten Exemplare aus der *pasticceria* kommen oft ähnlich dröge daher, wobei mein Sohn auf feine Unterschiede schwört, abhängig von der dicken Schokoglasur. Offenbar erfüllt der *biscotto* noch immer den uralten Anspruch als eiserne Reserve zu dienen, weil er so haltbar ist.
Das liegt daran, dass er früher durch Honig und heute durch viel Zucker konserviert wird. Außerdem wird der Knusprige so lange gebacken, bis alle Feuchtigkeit dahin ist. Das ist gut für harte Zeiten, aber wahrlich kein Vergnügen.

Biscotti

Kekse

Für die Freude im Sortiment sorgen vor allem sizilianische Zuckerbäcker, die in Scharen ausgeschwärmt sind, um alles nördlich von Rom süß zu missionieren. In einer *pasticceria siciliana* türmen sich ricottagefüllte Sünden und saftige Verführungen wie *pasta di mandorla*. Diese Marzipanbrocken sind gerne mit kandierten Früchten garniert und fallen nur wegen ihrer Größe unter die Rubrik *biscotti*.
Immer öfter halten auch sanft sandige Halbkugeln Einzug ins Plätzchenfach, die nur kurz gebacken werden und sehr buttrig schmecken. Das wiederum lässt olivenölgläubige Mittelitaliener sofort anmerken, die seien nur schwer verdaulich. Außerdem wären die delikaten Happen sehr empfindlich. Sprich, sie zerfallen womöglich bevor sie in den *caffèlatte* getaucht werden können. Aber dafür sind sie wirklich nicht gedacht. Und mit Verlaub, es gibt reichlich Alternativen.
Siehe oben!

PIZZICOTTI SICILIANI

Sizilianisches Marzipangebäck

400 g weiße Mandeln, gemahlen
200 g Zucker
3 Eiweiß
100 g Puderzucker
abgeriebene Schale von 1 Zitrone/Orange

Geschälte Mandeln gehören zur Grundausstattung der italienischen Backstube. Dann hat man auch eine Verwendung für irgendwo übrig gebliebenes Eiweiß: *Pasta di mandorla!* Wenn die Mandeln noch ganz sind, müssen sie zusammen mit dem Zucker im Mixer gemahlen werden. Einfacher ist's mit fertig gemahlenen Mandeln.

Die Zutaten (bis auf den Puderzucker) werden miteinander vermischt und zu einem Teig verknetet. Es lohnt sich, ihn einige Stunden kühl gelagert durchziehen zu lassen.
Dann werden walnussgroße Bällchen geformt, die gründlich durch den gesiebten Puderzucker kullern, bevor sie nebeneinander aufs Backblech (Backpapier!) gesetzt werden.

Sofern sie ohne weiteres Aroma daherkommen, bekommen sie mit drei Fingerspitzen eine leichte Hütchenform. Beliebt sind aber auch die Varianten mit Zitronen- oder Orangenaroma. Dafür kommt geriebene Schale mit in den Teig. Man sollte sie auch an ihrer Form erkennen. Mit Zitrone sind sie immer länglich oval, mit Orange rundlich.

Weitere Varianten mit Pistazien, Kaffee, Nüssen etc. lenken eigentlich zu sehr von der Hauptsache ab: das Gebäck bekommt im Ofen innerhalb von ca. 12 Minuten bei 150 °C eine zarte Kruste, aber aus dem saftig lockeren Inneren strömt unvergleichlich der Mandelduft. Damit sie nicht spröde werden, bewahrt man sie im Kühlschrank auf.

ca. 24 Stück

20 Min.
Backen 12–15 Min.

6–12 Std.

BISCOTTI AL CIOCCOLATO SALATO

Salzige Schokokekse

125 g weiche Butter
45 g brauner Rohrzucker
45 g Muscovado Rohrzucker
1 Prise Salz
155 g Mehl
20 g Kakao
1 Prise Natronpulver
1 Prise Backpulver
200 g Schokotropfen Zartbitter

Die Butter auf Zimmertemperatur bringen und mit allem Zucker und Salz schaumig schlagen. Mehl, Kakao, Natron und Backpulver mischen und schön langsam unter die süße Butter mischen. Zu guter Letzt kommen die Schokotropfen in den zähen Teig. Mit einem Eiskugelportionierer lassen sich schöne Bällchen formen, die mit etwas Abstand auf ein Backblech mit Backpapier gesetzt werden.

Der Ofen läuft sich bei Umluft auf 160 °C warm und backt anschließend die Kugeln für 15 Minuten. Sind die Kekse gerade eben aus der Form gegangen, aber noch weich – sofort raus damit! Der Schokoduft in der Luft ruft schon Naschkatzen auf den Plan.
Zugegeben, heiß schmecken diese *biscotti* wirklich super, aber es lohnt sich auch, sie abkühlen zu lassen.

15 Min.
Backen 15 Min.

16 Stück

CANTUCCI DI PRATO

Mandelgebäck aus Prato

2 Eier
1 Prise Salz
180 g Zucker
5 cl Likörwein
abgeriebene Schale von ½ Orange

265 g Mehl Type 415
1 Prise Hirschhornsalz
175 g geschälte weiße Mandeln
1 Eigelb zum Bepinseln

In Prato, der toskanischen Heimat der *cantucci* wird dieses Dessertgebäck schlicht *biscotti* genannt. Ausnahmsweise stimmt die Bezeichnung: dieser Edelzwieback kommt wirklich zweimal in den Ofen!
Der Reihe nach: Eier, Salz, Zucker, Likörwein und Orangenschale werden miteinander verrührt. Das Mehl wird mit dem Hirschhornsalz zusammen in die flüssige Masse gesiebt und untergeknetet. Die Mandeln kommen hinzu, wenn die anderen Zutaten schon zu Teig verknetet sind.

Auch wenn sich immer wieder einzelne Mandeln aus dem Teigklumpen davonstehlen – es müssen 3–4 cm dicke Rollen daraus geformt werden, die dann auf dem mit Backpapier ausgestatteten Blech aufgereiht werden. Mit dem verquirlten Eigelb wird ihnen eine schöne Oberfläche gepinselt. Erster Backgang: ca. 20 Minuten bei 180 °C.

Noch heiß und einigermaßen weich müssen vorsichtig diagonal gleichmäßige Scheiben von 1–1,5 cm Dicke geschnitten werden. Nebeneinander zurück aufs Blech gelegt trocknen sie in der zweiten Ofenrunde weitere 15 Minuten bei 150 °C.

Abgekühlt und ausgehärtet warten die *cantucci* auf ihren Einsatz. In einer Blechdose können sie gut 1 Monat aufbewahrt werden. Nur Puristen knabbern sie trocken. In *vinsanto* kurz eingetunkt, entfalten sie ihren toskanischen Zauber.

40 Stück

25 Min.
Backen 20 + 15 Min.

AMARETTI DI SARONNO

Mandelmakrönchen

100 g blanchierte Mandeln
140 g Zucker
2 Eiweiß
1 g Hirschhornsalz
einige Tropfen Bittermandelaroma

Vorab werden die Mandeln geröstet: etwa 25 Minuten bei 140 °C sollten ihnen eine angenehme, einheitlich zarte Bräune verleihen.

Bevor sie dann gemeinsam mit dem Zucker in einem Blender fein gemahlen werden, empfiehlt es sich, sie gründlich zu kühlen. Das verhindert, dass später das Öl die Masse verlässt. Das Mandel-Zucker-Mehl wird mit Eiweißen, dem Triebmittel und dem Aroma zu einer Masse verknetet. Dieser Teig sollte kühl gelagert noch einmal gründlich durchziehen, vorzugsweise über Nacht.
Etwa 60 Kügelchen in der Größe von Haselnusskernen passen auf ein normales Backblech (Backpapier!). Sie backen 20 Minuten bei 150 °C. Nach dem Abkühlen sind sie durchgehärtet.

2 + 10 Std.

Rösten 25 Min.
Zubereitung 25 Min.
Backen 20 Min.

ca. 120 Stück

CROCCANTINI ALLA MANDORLA

Krokantplätzchen

Teig
180 g weiche Butter
100 g Zucker
1 Prise Salz
150 g Mehl
100 g Mandelmehl

Krokant
40 g Zucker
1 EL Akazienhonig
50 g Sahne
60 g Butter
200 g gehobelte Mandeln

Ist das ein Blechkuchen oder sind das Kekse? Irgendwie beides!
Die Grundlage ist ein einfacher süßer Mürbeteig: Die handwarme Butter wird mit Zucker und Salz schaumig gerührt, dann werden die beiden Mehlsorten hinzugesiebt und eingeknetet. Dem Teigkloß bekommt eine Abkühlung ganz gut. Behutsam allerdings, denn in Kühlschranktemperatur lässt er sich nicht ausrollen. Ein ganzes Blech sollte gleichmäßig dünn mit ihm belegt werden (Backpapier).

Der Ofen kann sich schon mal auf 160 °C hocharbeiten, denn in der Zwischenzeit wird der Zucker mit 1 Esslöffel Wasser zu einem Sirup gekocht. Auch Honig, Sahne und dann die Butter werden mit dem Sirup aufgekocht, schließlich kommen die Mandeln hinzu. Unter Rühren dickt die Mischung ein und karamellisiert ein bisschen, ein Prozess, der 10 Minuten hohe Aufmerksamkeit und kontrollierte Hitze erfordert, damit nichts zu braun oder gar schwarz wird.

Noch heiß muss die Masse auf dem Teigboden verteilt werden. Der Ofen besorgt in weiteren 10 Minuten den Rest. Ein großes Messer eignet sich, gleichmäßige Quadrate zu schneiden. Das muss fix gehen, denn sobald das Gebäck abkühlt, wird es brüchig. Unregelmäßige Randstücke sofort sachgerecht vernaschen, die schönen Quadrate gut verpacken!

60 Stück | 25 Min. Backen 10 Min. | 2 Std.

BISCOTTI ALL'ARANCIA

Orangenkekse

200 g Butter
90 g Rohrohrzucker
ausgekratztes Mark von 1 Vanilleschote
1 Prise Salz
½ TL Kardamom, gemahlen
abgeriebene Schale von 2 Orangen
270 g Mehl
60 g Pinienkerne
1 verquirltes Eigelb zum Bestreichen

Die Butter kommt schon mal aus dem Kühlfach und kann sich geschmeidig machen, während alle anderen Zutaten vorbereitet werden.

Diese Kekse lassen sich gut mit frisch geriebener Orangenschale zubereiten, aber da auch Orangen so ihre Saison haben, greifen wir auf eine eigene Konserve zurück: Ihre einfache Herstellung ist im Rezept des Orangencreme-Eis beschrieben (Seite 135). Zwei oder drei Teelöffel der eingemachten Schalen ersetzen den frischen Abrieb. Hier im Keksteig machen sich die Späne auf ein delikate Weise sichtbar.
Weiche Butter, Zucker, Vanillemark, Salz, Kardamom, Orangenschale gründlich verrühren. Dann das Mehl hinzusieben und zum Teig verarbeiten. Je weniger er durchgeknetet wird, desto zarter krümelt der Keks später!
2 cm große Bällchen werden mit den Pinienkernen garniert. Wenn sie fest kleben sollen, müssen die Kügelchen mit Eigelb bestrichen werden. Man kann die Kerne aber auch mit in den Teig kneten oder einzeln längs in die Kugeln stecken ...

Bei 160 °C backen die auf einem Blech verteilten Kekse goldbraun, das dauert nicht länger als 15–20 Minuten, dann färben sich die Pinienkerne recht plötzlich!

Nach einem nicht zu üppigen Mahl ist das feinherbe Gebäck erstaunlich beliebt. Süßwein oder Espresso begleiten sie höflich.

30 Min.
Backen 15 Min.

35 Stück

BRUTTI MA BUONI

Krokantbaisers

200 g Haselnüsse
2 Eiweiß
150 g Zucker

Nur drei Zutaten – und ein Klassiker, wenn andere Rezepte wieder einmal nur Eigelb verlangen. Es spricht nichts dagegen, auch größere Mengen auf Vorrat herzustellen. In einem sehr großen dicht verschließbaren Glas oder einer Blechdose lassen sie sich gut aufbewahren. Die Haselnüsse sollten vorab geröstet werden. Die gleichmäßige Hitze des Ofens eignet sich besser als die einer Pfanne: 150 °C, 10 Minuten sollten ihnen reichen. Dann abkühlen lassen und zu grobem Schrot zerstampfen.

Das Eiweiß sollte Zimmertemperatur haben, wenn es mit viel Hingabe geschlagen wird. Löffel für Löffel kommt der Zucker hinzu und es wird weiter geschlagen. Schließlich entsteht ein sehr dichter, feiner und cremiger Schaum. Die gerösteten Nüsse werden untergemischt, dann wird die Masse im Topf unter ständigem Wenden vorsichtig erhitzt, was sie dichter und fester macht. Sobald sie ansatzweise dunkler wird, sind wir am Etappenziel.

Mit zwei Esslöffeln lassen sich die Nussbaisers auf einem Backpapier portionieren. Bei höchstens 150 °C benötigen sie dann eine halbe Stunde, um durchzutrocknen. Dazu bleibt die Ofentür einen Spalt breit geöffnet.

Die *brutti ma buoni* („hässlich aber lecker“) werden gerne zum Geschenk gemacht, dazu wickelt man sie paarweise in Seidenpapier.

20 Stück

25 Min.
Backen 10 + 30 Min.

La Spezia – Viale Mazzini

Assisi – Via Portica

"*Andiamo a prendere un gelato!*" Dieser Satz kann schnöde übersetzt werden mit: „Lasst uns ein Eis holen!" oder, etwas schöner: „Lasst uns ein Eis essen gehen!" Aber auch das trifft es letztlich nicht ganz. *Prendere un gelato* ist eine Phrase, die einen kleinen Staatsakt einläutet. Immer schwingt etwas Feierliches mit, nie wird sie einfach so dahingesagt. Das *gelato* scheint die Königsklasse der Konditorei zu sein. Ihr gebührt Respekt und Vorfreude. Die ist sogar am Strand rauszuhören, wenn *signorina* und *raggazzo* in Badeschlappen an der Strandbude ein Wassereis aus der Kühltheke fischen. Auch wenn so ein *ghiacciolo* mehr eine Erfrischung als ein richtiges *gelato* ist.

Gelati & Sorbetti

Eis und Sorbets

Der heimliche Lieblingssatz der Italiener fällt meistens nach dem Abendessen und läutet einen Spaziergang ein. Nicht so einen wie Mal-eben-mit-dem-Hund-raus oder den bewegungssüchtigen Ich-muss-nochmal-um-den-Block. Nein, eine *passeggiata* hat nichts Sportliches, sie ist nicht pflichterfüllend, Schritte zählend. Sie ist gemütlich elegant. Also putzt sich die Familie raus und macht sich auf Richtung Corso. So eine Hauptflaniermeile hat jede, auch die kleinste Stadt und die Gelateria ist natürlich an der ersten Adresse. Oft hat sie Konkurrenz in den Bars oder durch Trends wie Frozen-Joghurt aber das schockt den wahren *gelatiere* nicht. Er ist traditionsverbunden und wird nicht selten für seine Kreation gefeiert.

Der führende Eismann in Spoleto etwa verkauft am besten *mondo*. Was „Welt“ für eine Geschmacksrichtung ist? Ganz schlicht: das weltbeste Pistazieneis. Als solches ist es 2017 in Rimini bei der *Gelato World Tour* geadelt worden: Mastro Crispinis *pistacchio*, eine Mischung aus dreierlei sizilianischen Pistazien-Sorten. Zwei aus dem berühmten Bronte und eine aus Agrigent, die zusammen einmal rund um die Uhr im Ofen rösten. Nicht, dass sich der zurückhaltende Herr auf dem Erfolg ausruhen würde. Unermüdlich experimentiert er mit den grünen Kernen, hat mittlerweile einen seiner Läden zur *pistacchieria* erklärt und löffelt dort Pistazieneis mit Salz oder Chili oder Schichtnougat in die Hörnchen.

Das begeistert die Touristen und lockt abends wie in ganz Italien die ausgehfeinen Einheimischen zum *prendere un gelato*. Das Eis ist das i-Tüpfelchen auf ihrem Outfit, das es jetzt zu präsentieren gilt. Man schlendert und schleckt. Schöner kann ein Tag nicht enden.

GELATO FIOR DI GELSOMINO

Jasminblüteneis

100 Jasminblüten
2 Eigelb
90 g Zucker
25 g Maisstärke
200 ml Milch
200 g Sahne
2 Eiweiß
10 g Puderzucker

Wo bekommt Gennaro die frischen Jasminblüten her? Von seinem Strauch! Was als kleine Topfpflanze im Frühjahr angeboten wird, wächst sich in den Folgejahren schnell zu einem mannshohen Strauch aus. Außer Frost verträgt die Jasminpflanze alles. Es lohnt also, so etwas irgendwo in der Gartenecke und im Winter im Flur stehen zu haben.
Wenn dann die duftende Pracht sprießt, schnappt sich Gennaro jeden Morgen sein Marmeladenglas, in dem er eine dicke Zuckerlösung angesetzt hat (40 g Zucker in 50 ml sehr heißem Wasser), sammelt die neuen Blüten ab, stopft sie ins Glas, schüttelt, bis sie klebrig benetzt sind. Bis zur letzten Blüte! Wenn der Jasminblütensirup haltbar gemacht werden soll, kocht er ihn kurz (!) auf und füllt ihn dann durchs sterilisierte Sieb in kleine Marmeladengläschen.

Das Eis, das Gennaro aus diesem besonderen Aroma zaubert, soll duftig zart und gleichzeitig betörend sein. Also verordnet er ihm ein schaumiges Extra. Der Reihe nach: Eigelbe und Zucker gründlich schlagen. Stärke einrühren. Milch und Sahne und einen ordentlichen Schuss Blütensirup aufkochen. Eigelb-Mischung zufügen und bei kleiner Hitze rührend dick werden lassen. Erst wenn die Creme abgekühlt ist, schlägt Gennaro einen dichten Eischnee, indem er den Eiweißen nach ein paar Umdrehungen einen Löffel Puderzucker hinzufügt. Der Schnee wird mit der Creme verrührt.
Die eigentliche Arbeit übernimmt dann seine Eismaschine. Gennaro behauptet, von Hand ginge es auch. Alle 20 Minuten ein paar Mal durchrühren und zurück mit der Zaubermasse ins Gefrierfach.

6 Portionen | 4 Tage 1 Std. | 1 Std.

SORBETTO DI FICHI D'INDIA

Kaktusfeigen-Sorbet

6 reife Kaktusfeigen
100 g Puderzucker

Wie gut, dass dieses Sorbet so einfach geht, sogar ohne Eismaschine! Das Kaktusfeigenpüree ist von sich aus so cremig, dass es beim Gefrieren wenig kristallisiert.

Aber der Reihe nach: Kaktusfeigen reifen rund ums Mittelmeer im Sommer. Bis in den Herbst hinein hat man Chancen auf die exotischen Früchte. Es steht ihnen gut, wenn sie eine tiefe Fuchsiafärbung aufweisen, die auch von außen sichtbar ist. Es gibt aber auch orangene und gelbliche Sorten.
Beim Waschen und Schälen der Früchte unbedingt Handschuhe tragen, denn in den kleinen Pocken sitzen viele Härchen, die einen nachhaltigen Juckreiz auslösen.

Das Fruchtfleisch wird durch ein Sieb gerührt, um die vielen kleinen Kerne loszuwerden. Dann muss es nur noch mit Puderzucker vermischt werden und kann dann schon ins Eisfach. Während es gefriert, muss man es etwa alle 20 Minuten durchrühren.
Nach 2 Stunden stellt sich eine optimale Konsistenz ein. Ruht das Sorbet länger im Eis, wird es immer härter …

5 x 20 Min. | 20 Min. | Für 4 Personen

SEMIFREDDO AL TORRONE

Halbgefrorenes mit Mandelkrokant

200 g Mandeln
165 g Zucker
2 Eigelb
200 g geschlagene Sahne
12 Blutorangenfilets
50 g Zucker

Knusprig, cremig, saftig süß. Noch Wünsche? Mandelkrokant gibt der gehaltvollen Kühlung ihren romantischen Charakter. Der lässt sich auf dem Jahrmarkt und im Biomarkt kaufen, aber auch selbst herstellen, mit dem Vorteil seines betörenden Dufts in den eigenen vier Wänden! Die Mandeln werden dazu sanft geröstet, was im Ofen am leichtesten geht (125 °C, ca. 30 Minuten) und unmittelbar anschließend in einem Topf mit 100 g Zucker und ganz wenig Wasser (1 TL) zu Krokant verschmolzen. Die Gesamtmenge ist Geschmacksache. Um kristallklaren Krokant zu erhalten (was in diesem Rezept nicht soo entscheidend ist), muss der Zucker langsam und gleichmäßig erhitzt werden, bis er zu karamellisieren beginnt. Wenn beim Abkühlen viel Bewegung entsteht, z. B. durch Rühren, dann gibt's Krümel! Gebrannte Mandeln eignen sich übrigens auch für diese Nachspeise!
Der abgekühlte Krokant wird zerstoßen.
2 Esslöffel davon bedecken den Boden einer mit Frischhaltefolie ausgekleideten Kastenform.

Den restlichen Zucker brauchen wir als Sirup, also mit etwas Wasser erhitzen und auflösen, aber nicht braun werden lassen! Der fertige Sirup fließt in dünnem Strahl zu den Eigelben und wird dabei zu einer dicken Creme geschlagen. Die geschlagene Sahne und der Rest des Krokants müssen nur noch untergemischt werden, die Masse füllt die Form und nimmt ein Kältebad im Gefrierfach/Tiefkühler für mindestens 6 Stunden.
Zeit genug, sich an den Orangenfilets zu versuchen. Je nach Erntezeitpunkt und Sorte ein anspruchsvolles, aber lohnendes Spielchen, die feinen Häute von den Orangenschnitzen zu bekommen!

Zur Dekoration eignet sich Karamellsirup besonders. Auch der ist schnell gemacht: Zucker in einem kleinen Topf vorsichtig zum Schmelzen und Karamellisieren bringen und mit etwas Wasser ablöschen. Sobald sich aller Zucker wieder gelöst hat, ist der Sirup fertig. Die Menge des Wassers bestimmt seine Zähigkeit.

6–8 Portionen · 1 Std. · mindestens 6 Std.

SORBETTO AL LIMONE

Zitronensorbet

Saft und Schale von 6–8 Zitronen
200 g Zucker
5 g Speisestärke
3 steif geschlagene Eiweiß

Es gibt nichts Erfrischenderes! An heißen Sommertagen ersetzt ein Zitronensorbet manchem Sizilianer schon mal das Frühstück. Zumal die Darreichungsform als spontane Füllung eines buttrig duftenden *brioche* unvergleichlich beliebt ist.

Die Zitronen müssen zunächst mal ihre Schale hergeben. Deshalb beim Kauf darauf achten, dass sie unbehandelt sind (bei Bioware ist das sichergestellt). Mit 150 ml Wasser und dem Zucker wird der Schale das Aroma entlockt, indem sie darin etwa 5 Minuten erhitzt wird, ohne zu kochen. Unterdessen können die Zitronen ausgepresst werden.

Der Saft wird mit etwas Speisestärke angerührt und kommt in den heißen Sirup, aber natürlich erst, nachdem die Schalen entfernt wurden. Sobald die Mischung heiß wird, beginnt sie auch, etwas dickflüssig zu werden. Rühren! Vorsichtig weiter erhitzen, bis die Stärke vollständig aufgequollen ist und die Mischung wieder transparent wird.
Im eiskalten Wasserbad kühlt die Mischung ab. Sie darf dabei ab und zu durchgerührt werden.

Zeit für den Eischnee, denn sobald die Mischung kalt genug ist, wird der Schnee untergehoben und die Eismaschine tritt ihren Dienst an. In Handarbeit geht es auch mit einem flachen Gefäß, das im Tiefkühler langsam gefriert, dabei etwa alle 20 Minuten durchgerührt bzw. wenn es fester zugeht, geschabt wird, bis die erwünschte Konsistenz erreicht ist. Das Sorbet sollte nicht unbegrenzt im Eis verbleiben, denn dann wird es zu hart. Wird es direkt vor einem Mahl als Dessert hergestellt, muss man sich aber keine Sorgen machen. Ein Glas Prosecco begleitet das Sorbet sehr gerne zu seinen Genießern.

4 Std. | 40 Min. | 6 Portionen

SEMIFREDDO AL CAFFÈ

Kalte Kaffeecreme

75 ml Milch
12 g Butter
100 g Zucker

2 Tässchen Espresso
250 g Sahne
Kakaopulver zum Bestäuben

Wer in den langen Jahren der Latte-Macchiato-Mode die gute alte Dosenmilch heimlich vermisst hat, kommt jetzt endlich wieder auf seine Kosten. Denn für dieses Dessert braucht es erstmal eine dicke, süße hausgemachte Kondensmilch. Dazu werden Milch, Butter und Zucker in einen Topf gegeben und unter ständigem Rühren mit dem Schneebesen bei mittlerer Flamme zum Kochen gebracht. Wenn es so richtig kräftig schäumt, Hitze drosseln und weiterrühren. Die Flüssigkeit muss ordentlich reduziert werden, gute 5 Minuten braucht das auf alle Fälle. Aber Vorsicht: wird der Zucker braun ist es schon fast zu spät. Deshalb die Masse immer im Auge behalten, sobald sie dicklich wird, runter vom Herd!

Jetzt kann die Espressomaschine gestartet werden. Zwei Tässchen voll werden mit der Kondensmilch verrührt und kühlen dann gemeinsam ab. Ist das Gemisch kalter Kaffee, kann die Sahne geschlagen werden. Mit einem Spatel wird ihr dann die Espressomilch untergejubelt. Für die Optik dürfen ruhig ein paar Schlieren bleiben. Die Creme wird in kleine Wassergläser gefüllt, um für mindestens 3 Stunden im Tiefkühler zu verharren.

Damit das Semifreddo nur halbgefroren auf den Tisch kommt, wandert es 1 Stunde vor dem Servieren vom Tiefkühler in den Kühlschrank und wird mit etwas Kakaopulver bestäubt.

4 Portionen | 25 Min. | 5+1 Std.

GELATO ALLA CREMA D'ARANCIA

Orangencreme-Eis

Orangenschale in Sirup
Schalenzesten von 4 Orangen
4 EL Zucker

Eiscreme
250 ml Milch
200 g Sahne
2 EL Zucker
1 EL Maisstärke
2 Eigelb
2 Eiweiß
1 EL Puderzucker

„Schatz, ich habe dir einen frischen Orangensaft gepresst!" Dieser unschuldig klingende Ausruf ist die Einleitung zu einer weiteren Verführung auf Vorrat. Der Saft ist Nebenprodukt. Eigentlich geht es um etwas anderes: Die Schale der Orangen nämlich wird vorab geerntet, in sehr feine Streifen geschnitten und mit Zucker wenige Minuten lang eingekocht, um dann im Laufe des Jahres in kleinen Vakuumgläsern auf ihren Einsatz zu warten.

An einem sonnigen Tag ist es dann soweit: Milch und Sahne werden mit Maisstärke und der Orangenschalenmarmelade unter Rühren zu einer dickflüssigen Creme gekocht, die Eigelbe mit Zucker zu Schaum geschlagen und in die heiße Creme eingerührt. Der mit dem Puderzucker verdichtete Eischnee kommt erst hinzu, wenn die Masse gut abgekühlt ist.

Ob sich die Anschaffung einer Eismaschine lohnt? Aber sicher! Die Cremigkeit dieser Mischung ist unübertroffen, wenn sie direkt aus der Eismaschine serviert wird! Nur im Notfall darf man auf ein Eisfach und ein Durchrühren alle 20 Minuten ausweichen.

4 Std. | 45 Min. | 6 Portionen

SORBETTO DI MIRTILLI

Heidelbeersorbet

600 g Kulturheidelbeeren
ca. 150 g Zucker

Sorbets sind einfach, das ist ihre Stärke. Sie leben von Aroma und Reife ihrer fruchtigen Hauptzutat. Dementsprechend haben manche Sorten ihre saisonalen Auftritte wirklich verdient.

Heidelbeeren eignen sich besonders gut, weil sie im Ganzen verarbeitet werden können. Verarbeitet? Püriert! Mit dem Zucker zusammen, wobei die Menge des Zuckers allein eine geschmackliche Entscheidung ist.

Wir lieben unsere Eismaschine für ihren rührenden Fleiß, das Sorbet cremig gefrieren zu lassen, aber es geht immer auch von Hand. Nur das Tiefkühlfach ist dabei unverzichtbar. Das Püree kommt in eine eher flache Schale, wenn nicht in die Eismaschine. Je öfter man zwischendurch rührt, später kratzt, desto feiner werden die Eiskristalle.
Sollte das Sorbet zu spröde werden, darf es im Kühlschrank wieder etwas antauen. Auch dann immer fleißig für Gleichmäßigkeit sorgen und mischen! Die Fürsorge wird belohnt, denn frisch zubereitet und frisch genossen, ist ein Sorbet die schönste Erfrischung, nach dem Mahl oder an richtig heißen Sommertagen auch schon als morgendlicher Starter!

4 Portionen | 30 Min. | ca. 4 Std.

2

Spoleto – Piazza del Mercato

Dolcetti zu guter Letzt. Was das genau ist? Tja … da fängt der Spaß schon an. Genau genommen alles, was klein, süß und genießbar ist. Ein Bonbon, eine Praline, ein Petit Four. Naschwerk könnte man sagen. Jetzt gibt es aber so richtig gar kein Wort dafür im Italienischen. Auch mit Naschen ist das so eine Sache. Alles, was die Wörterbücher ausspucken, kommt der Sache allenfalls nahe: *mangiucchiare* klingt nach draufrumkauen, *spiluzzicare* nach mit spitzer Zunge probieren, *sgranocchiare* nach harter Nuss. Tatsächlich fragt der Kellner bei der Bestellung des Aperitifs, ob die Gäste etwas *„da sgranocchiare“* wünschen, also was zu knabbern. Das ist in der Regel salzig und hat mit *dolcetti* nix zu tun. Auch der Versuch via „Naschkatze“ schlägt fehlt und führt zu *il goloso*, dem Gefräßigen. Nein, Naschen hat was mit gemütlich zu tun und auch dafür haben sie in Italien keine Worte und keine Zeit. Einfach abhängen und Süßigkeiten vertilgen ist nicht ihr Verständnis von *dolce vita.*

DOLCETTI

• • • • NASCHWERK

Dolcetti sind vielmehr die verkleinerte Form der großen süßen Sünden, aber völlig harmlos. Es macht also gar nichts, sich ab und an so einen niedliches winziges Süßlein zu genehmigen. Es kann kandiert sein und zum draufrumkauen einladen, es kann cremig sein und darf mit spitzer Zunge geschleckt werden, es kann knackig sein und geknabbert werden oder eben einfach dem Gaumen mal was Gutes tun. Ganz egal, im Süden naschen sie nicht. Sie gönnen sich nur hier und da einen *dolcetto*, oder zwei, oder… *No, Grazie, basta!* Ein paar Ecken weiter könnte es ja schon wieder einen *dolcetto* geben, der probiert werden muss.

MARRONI CANDITI

Glasierte Maronen

500 g frische Maronen
ca. 500 g Zucker
1 Vanilleschote

Zu Beginn dieses raffinierten Prozesses werden die Maronen an der flachen Bauchseite eingeritzt (Achtung, nicht den Kern verletzen!) und garen 10 Minuten in Wasser. Beim Schälen ist dann schon wieder Fingerspitzengefühl gefordert, denn allzu leicht bröseln die Kerne dahin! Auch die braune innere Haut muss entfernt werden.

Die geschälten Maronen werden mit Wasser bedeckt, bekommen 100 g Zucker hinzu und die aufgeschlitzte Vanilleschote. Sanft köcheln sie erneut 10 Minuten, bis der Zucker ganz aufgelöst ist. In diesem Sirup lagern die Maronen bis zum nächsten Tag.

Für die zweite Runde müssen die Maronen kurz ihr süßes Bad verlassen. Belohnt werden sie mit der Hinzufügung von 150 g Zucker, der den Sirup vom Vortag weiter konzentriert. Den Sirup erhitzen. Die Maronen kommen zurück, wenn der neue Zucker gelöst ist, werden wieder leicht erhitzt und ruhen erneut einen Tag.
Die dritte Runde gleicht der zweiten.
Die Prozedur ist beendet, wenn der Sirup beim Erkalten zu kristallisieren beginnt.
Die Maronen tropfen einzeln ab und müssen dann zum Schutz vor Feuchtigkeit in Folie verpackt werden.
Der restliche Vanillesirup ist Ausgangspunkt für andere kreative Vorhaben.

ca. 20 Stück | 1 Std. + 2 x 10 Min. | 3 Tage

TORRONERIA E CIOCCOLATERIA
D. BARBERO

TORRONE CLASSICO

Weißer Honignougat

200 g blanchierte Mandeln
100 g Honig
150 g Zucker
2 Eiweiß
1 EL Wasser
einige Tropfen Vanille-Aroma
rechteckige Backoblaten

Es gibt zwei Möglichkeiten: Erfahrung oder Thermometer. Eines von beidem ist unerlässlich! Während im Ofen die Mandeln gemütlich vor sich hin rösten (130 °C, ca. 25–30 Minuten), müssen Honig und Zucker exakt auf Temperatur gebracht und der Eischnee geschlagen werden.
Der heiße Honig wird in dünnem Strahl zum Eischnee gegossen und gründlich eingerührt, wenn er 130 °C erreicht hat. Der mit etwas Wasser versetzte Zucker muss auf 141 °C erhitzt werden, und kann dann auch mit dem Honig-Ei-Gemisch und dem Vanille-Aroma verrührt werden. Der dafür verwendete Holzlöffel sollte robust sein und gut zu den Rundungen des Topfes passen.
Nun muss die Masse weiter vorsichtig heiß gehalten und dabei konsequent gerührt werden, wobei sie ganz allmählich zäher wird. Um knackig-splittrigen *torrone classico* zu bekommen, muss man für diese Prozedur bis zu 1 Stunde ansetzen. Die weichere Variante kann schon nach etwa ½ Stunde die heißen Mandeln in Empfang nehmen. Weiter rühren!! Schließlich bildet die Masse einen trägen Klumpen, der dennoch kontinuierlich im Topf gewalkt wird, denn keinesfalls darf es zu karamellisieren beginnen!
Die Kastenform, die die Masse aufnehmen soll, wird mit Backpapier ausgekleidet. Der Boden ist mit Oblaten passend ausgelegt. Die Masse wird in der Form gleichmäßig verteilt und mit einem Oblatendeckel geschlossen, um dann mit ruhigem Druck verdichtet zu werden.

Nach 1 Stunde ist der *torrone* bereit, in Streifen geschnitten und gebrochen zu werden. Bei der weichen Version ist das fast ein Vergnügen, bei den harten Exemplaren ein kleines technisches Abenteuer.

2 Std. ca. 80 Stück

FICHI IMBOTTITI

Gefüllte Feigen

200 g getrocknete Soft-Feigen
50 g Walnusskernhälften
50 g Zitronat
2 EL Orangenblütenhonig

In Kalabrien trocknen sie ihre Feigen unter der Sonne. Das könnte hierzulande zum Flop führen, aber es gibt gedörrte Feigen nicht mehr nur als harte Happen, sondern als saftige Trockenfrüchtchen. Diese Soft-Feigen kommen der kalabrischen Variante immerhin sehr nahe und taugen prima für dieses einfache Rezept.

Die Feigen werden längs von oben zu einer Tasche aufgeschnitten müssen aber unten noch zusammenhängen.
In die eine Seite wird die halbe Nuss, in die andere ein paar Stückchen Zitronat gedrückt.
Dann wird die Feige wieder zusammengeklappt und aufrecht in eine Backform gesetzt.
Für gute 5 Minuten ziehen die Früchte bei vorgeheizten 160 °C Umluft im Ofen.

Orangenblütenhonig kreist zum Abschluss vom Löffel über ihnen und sorgt für Glanz.

ca. 18 Stück

10 Min.
Backen 5 Min.

MANDORLE ATTERRATE

In Schokolade gehüllte Mandeln

400 g Mandeln
400 g weiße oder Zartbitterschokolade

Die Mandeln rösten im Ofen bei 120 °C 30 Minuten lang. Das Wasserbad, in dem die Schokolade dahinschmilzt, während die Mandeln abkühlen, nennen die Italiener zärtlich *„bagnomaria"*. Bei 46–49 °C wird dunkle Schokolade flüssig. Weiße Schokolade braucht nur 40–42 °C.
Damit die Schokolade schön cremig bleibt, muss sie rasch abkühlen. Das erreicht man am leichtesten, indem man sie auf einer Arbeitsfläche aus Stein oder Edelstahl ausgießt und mit einem Spachtel kontinuierlich bewegt. Auf 28 °C soll die dunkle Variante herunterkühlen, die weiße auf 26 °C. Die Schokolade kommt in den Topf zurück und bekommt noch einmal einen kleinen Temperaturschub um 2 °C, denn sonst würde das Untermischen der Mandeln zum Erstarren führen. Jetzt zügig löffelweise kleine Mandelhäufchen auf Backpapier oder in Pralinenkapseln absetzen und ganz erkalten lassen.

Diese schlichten aber unwiderstehlichen Häppchen wurden früher zu Hochzeiten und Taufen gereicht. Sie müssen kühl, trocken und vor Naschkatzen sicher verwahrt werden!

Abkühlen 3 Std. | ca. 36 Stück | 25 Min.
Rösten 30 Min.

ARANZADA NUORESE

Sardisches Orangenkonfekt

Zesten von 6–8 Orangen
100 g Mandelsplitter
2 EL Honig
100 g Zucker

Die Sardinnen müssen starke Nerven haben! Mandelsplitter zu rösten ist noch nicht die Herausforderung, auch lassen sich im Anschluss mit einem Sparschäler sehr angenehm die Orangenschalen in der richtigen Dicke (ohne das Weiße!) gewinnen, die dann in wenige Millimeter dünne Längsstreifen geschnitten werden. Auch gehört nicht übermäßig viel Mut dazu, die Schalenspäne mit Honig und Zucker ganz behutsam zu erhitzen, bis alle Feuchtigkeit entwichen ist (ohne dass der Zucker karamellisiert oder auskristallisiert, also wirklich behutsam!).
Aber wenn dann die Mandelsplitter zugefügt sind und die Portiönchen in Pralinenförmchen gesetzt werden sollen, solange die Angelegenheit noch heiß und geschmeidig ist, dann stelle man sich einfach vor, dass dieser süße Snack frisch für große Familienfeste zubereitet wird. Der perfekte Moment, um den Kampf mit klebrigen, gefährlich heißen Kleinigkeiten aufzunehmen!

ca. 30 Stück

35 Min.

BARATTI
BARATTI

Turin – Piazza Castello

Verzeichnis der Rezepte

Gianduia 1865
Caffarel
ITALIAN MASTERPIECE

MILLE GRAZIE

Wie immer haben wir reichlich liebevolle Unterstützung bekommen, wirklich gute Ratschläge, Zuspruch und wertvolle Kritik.
Viele wohlgesonnene Geister stehen hinter dieser Veröffentlichung. Da sind zunächst einmal die Mitarbeiter des Gerstenberg Verlags, die sich um die vielen notwendigen Arbeitsschritte kümmern. Sie sind das Team, das Bücher Wirklichkeit werden lässt, sie haben unsere ganze Bewunderung und Dankbarkeit für ihren Anteil am Gesamtwerk. Programmleiterin Isabelle Fuchs hält dabei stets die Fäden zusammen und behütet uns Autoren fürsorglich, *bacio!*

Vor den passionierten *pasticceri*, den fröhlichen Bäckerinnen und den häuslichen Botschafterinnen von Backtraditionen, die uns mit ihrem Wissen, ihren Erfahrungswerten und Hintergrundinformationen versorgt haben, ziehen wir im großen Bogen die weiße Mütze.
Unsere Söhne haben sich wieder bei allen gemeinsamen Unternehmungen überaus geduldig gezeigt, beim Fotografieren und Backen assistiert und sich vor allem beim Abschlecken von Schüsseln und Löffeln engagiert. Die familiäre Unterstützung in Nord- und Mittelitalien ist für uns die wichtigste Zutat überhaupt: vom Kraft tanken bis zum Kulissen suchen liegt hier die Basis aller Kreativität.
Ein paar besondere Einsätze wollen wir noch hervorheben: Giada Santarelli (Casa de' Trinci, Trevi) für die vertrauensvollen Leihgaben aus ihrer wunderbaren Tellerkollektion. Nordmanns Eisfabrik für die Eiswaffel. Sandra Peters für die Betreuung unseres kleinen Küchengartens während der Reisen. Leonardo Cerquiglini für den einzig wahren *Alkermes* frisch aus Florenz. Den Fratelli Manucci (Bar Chalet, Trevi) für dekorative Kakao- und Kaffeebohnen, als es mal eilig wurde.

An alle 1000 Dank!!!

Die Autoren

Süß oder salzig? Da sind die Rollen im Hause Partenzi klar verteilt. Daniela macht sich nicht so viel aus Keksen und Kuchen, aber Felix hat eigentlich immer eine italienische *caramella* in der Tasche. Für ein *cornetto alla crema* steht der Kommunikationsdesigner früh auf, damit er in der Bar an der *piazza* auch wirklich noch eins bekommt. Der Journalistin reicht morgens ein *cappuccino* ohne Zucker. Beim *espresso* nimmt sie es nicht so genau und versenkt auch mal das ganze Tütchen. Ganz falscher Ansatz, bei der Zuckerbäckerei zählt mitunter jedes Gramm, deshalb hatte der Herr der Zahlen in der Küche öfters das Sagen und beim filigranen Backwerk seinen Spaß. Und doch hat die *signora* mitgemischt. Sie kandierte tagelang mit Wonne Maronen, experimentierte mit Cremes und hatte im umbrischen Familiensitz auffällig oft ein Töpfchen auf dem Gasherd, um Kondensmilch einzukochen. Die Basis für *semifreddo* lässt sich nämlich prima einfach so weglöffeln. Auch nicht nein sagen kann sie beim angeblich weltbesten Pistazieneis, das die beiden Düsseldorfer in Spoleto entdeckt haben. Ob es irgendwo auf der Welt besseres gibt? Mag sein. Aber sie reisen nun mal für ihr Leben gern nach Italien und recherchieren vor Ort für ihre Kochbücher. Für dieses Werk war die Arbeit tatsächlich ein reines Zuckerschlecken.

Text © Daniela Partenzi
Fotografien © Felix Partenzi
Autorenfoto © Florio Partenzi
Gestaltung und Satz: Felix Partenzi

Originalausgabe
1. Auflage 2022

Gesetzt aus der Bulmer und der Calibri
Umschlaggestaltung: Felix Partenzi
Umschlagbild vorne: Sardisches Orangenkonfekt
Umschlagbild hinten: Café Pepino, Turin
Druck und Bindung: Printer Trento s.r.l.
Printed in Italy

ISBN 978-3-8369-2186-2
www.gerstenberg-verlag.de

FRIZZANTE BRIOSA
UVA
LIMONE
Ambrosoli
FRIZZANTE BRIOSA
SELEZIONE
Horvath
LATTE
Ambrosoli
Nougatine
Venchi
Rossana
L'ORIGINALE
Horvath
MENTA
Venchi
Prendivoglia
PRENDIVOGLIA
RENETTA
BARATTI & MILANO
Rossana
L'ORIGINALE
PERA
Caffarel
ITALIAN MASTERPIECE
CREMINO
1878
CARAMELLA
CLASSICA
CENTO
Rossana
L'ORIGINALE
LIMONE
Caffarel
Horvath
LATTE
Caffè
Nougatine
Venchi
FRIZZANTE BRIOSA
MELA
FRIZZANTE
FRAGOLA
Ambrosoli
CARAMELLA
Fior
ALBICOCCA
APRICOT
Caffarel
Rossana
L'ORIGINALE
CREMINO PISTACCHIO
Rossana
Erbe Alpine
PLUM
CAFFÈ
Rossana
BRIOSA
ARANCIA
Ambrosoli
FRIZZANTE BRIOSA
MELA
FRIZZANTE
BRIOSA
FRAGOLA
Ambrosoli
FRIZZANTE
BRIOSA
UVA